医药经贸管理专业导论系列教材

U0674252

电子商务专业导论

汤少梁　主编

东南大学出版社
SOUTHEAST UNIVERSITY PRESS
·南京·

图书在版编目(CIP)数据

电子商务专业导论 / 汤少梁主编 .—南京：东南
大学出版社,2014.11（2018.07 重印）

医药经贸管理专业导论系列教材 / 田侃主编

ISBN 978 - 7 - 5641 - 5241 - 3

Ⅰ.①电⋯　Ⅱ.①汤⋯　Ⅲ.①电子商务 – 高等学校 –
教材　Ⅳ.① F713.36

中国版本图书馆 CIP 数据核字（2014）第 229490 号

电子商务专业导论

出版发行	东南大学出版社
出 版 人	江建中
社　　址	南京市四牌楼 2 号（邮编 210096）
印　　刷	虎彩印艺股份有限公司
经　　销	全国各地新华书店
开　　本	700 mm × 1000 mm　1/16
印　　张	10.25
字　　数	164 千字
版　　次	2014 年 11 月第 1 版　2018 年 7 月第 2 次印刷
书　　号	ISBN 978-7-5641-5241-3
定　　价	22.00 元

* 东大版图书若有印装质量问题,请直接向营销部调换。电话：025-83791830。

《电子商务专业导论》
编写委员会

主　编　汤少梁

副主编　卞琦娟　肖增敏

编　委　（以下按姓氏笔画排序）

邓　敏　朱　娴　杨　玮　杨　莉　陈　娜

罗凤琦　罗　珺　唐　力

序

我国的高等学校分为研究型大学、教学型大学和应用型大学。目前,综合性的院校立足于建设研究型大学,普通高等院校偏向于建设教学型大学,职业技术高校的侧重点在建设应用型大学。传统的本科教育一直注重理论教学,这种教育模式使得学生缺乏实践能力。中医药教育同时兼备了研究、教学与应用的综合性学科,南京中医药大学为了建设一流的中医药大学,将理论性和实践性结合,推出了专业导论系列教材。

本套经管类专业导论系列教材是我校经贸管理学院组织教学科研一线教师精心编写的本科专业课程指导教材。本套教材首次作为各个专业的指导教材,凝结了教师多年的教学经验,立足于专业角度对课程进行全面而系统的概括。

教材着眼于新生专业课程的入门教育,希望专业导论的开展能够使学生对专业学习有一个宏观的把握,更好的了解专业课程设置的背景和目的,了解本专业中的教学要求以及存在的问题,树立正确的专业认知,教材同时对学科的发展脉络进行了梳理,能够对学生今后的学习和就业提供一定的指导和借鉴。

本套教材有如下基本特点:

1. 专业区分明确　本系列教材主要包括公共事业管理专业导论、药事管理专业导论、国际经济与贸易专业导论、电子商务专业导论、信息管理与信息系统专业导论、市场营销专业导论等。每本教材严格按照国家教育部专业目录基本要求和学校的专业培养目标编写,更加突出培养人才的专业性趋势,更加具有社会竞争的优势。

2. 注重基础把握　在高等中医药院校中,经济管理类专业属于交叉学科,也属于边缘学科,以往的教材侧重于对专业整体导向的把握,对中医药却少有涉及。本套系列教材结合中医药特色,充分研究论证专业人才的素质要求、学科体系构成,旨在培养适应社会主义现代化和中医药发展需要,同时具备中医药基本理论、基本知识、基本技能的专业人才。

3. 重视能力培养　为了提高学生专业能力而设置的专业导论,在课堂讲授的同时,设置也一定量的练习题,使学生能够更好的挖掘学习资源,提高学生自主学习和探索的能力。同时在一些课程中增加了实际案例,更具有趣味性和实用性,以进一步培养学生的专业素养。

4. 适用教学改革　按照高等学校教学改革的要求,专业导论本着精编的原则,切实减轻学生负担,全套教材在精炼文字的同时,更加注重提高内容质量,根据学科特点编写,更加切合学生学习的需要。

当前国内尚未出版对专业教学的指导教材用书,本套系列教材也是摸着石头过河的探索,我赞赏我校经贸管理学院老师的认真负责的态度和锐意创新的精神,欣然应允为本套教材作序。

黄桂成

2014 年 9 月

前　言

　　"十二五"时期,我国电子商务行业发展迅猛,产业规模迅速扩大,电子商务信息、交易和技术等服务企业不断涌现。2010 年中国电子商务市场交易额已达 4.5 万亿元,同比增长 22%。2011 年我国电子商务交易总额再创新高,达到 5.88 万亿元,其中中小企业电子商务交易额达到 3.21 万亿元。

　　国家发展改革委 2013 年 5 月 28 日表示,13 个部门将出台系列政策措施,从可信交易、移动支付、网络电子发票、商贸流通和物流配送共 5 个方面支持电子商务发展。产业洞察网发布的《中国电子商务行业调研》报告显示,2012 年中国内地电子商务持续快速增长,交易额突破 8 万亿元,同比增长 31.7%。2013 年达 10.2 万亿,同比增长 29.9%。

　　我国电子商务的蓬勃发展为社会提供了巨大的就业机会和就业岗位,也出现了许多电子商务行业特有的岗位。在这样的背景之下,培养具备计算机科学、市场营销学、管理学、经济学、法学和现代物流等专业知识于一体的电子商务专门人才就势在必行。电子商务专业自 2001 年教育部批准 13 所高校成立电子商务专业,至今已有 13 个年头。据统计:目前开设电子商务专业的高校有三百多家,层次涵盖本科、高职。

　　《电子商务专业导论》是电子商务专业学生一门重要的入门课程,它担负着系统和全面介绍电子商务知识内涵、引导学生进入电子商务专业学习的大门、培养学生综合素质和创新能力的重任。刚进入大学的一年级学生对专业的了解一般都是片面的、模糊的,并不清楚每一个专业的专业特色和定位,也不清楚哪些专业适合自己,这时专业引导就非常重要。本书的主要目的就是让学生对专业有一个清晰的认识,明确专业的定位、专业的培养目标、专业的知识体系和课程体系、专业未来的就业前景和发展前景，提高学生对专业的认知，激发学生的专业学习兴趣，以引导学生树立正确的专业学习态度，顺利完成专业学习。

本书系统介绍了电子商务专业的知识内涵、专业定位、培养目标、知识体系、课程体系、发展现状、就业岗位需求等新生所关注的内容。本书共分6章：第一章为电子商务专业内涵；第二章为电子商务专业发展情况及国内外比较；第三章为电子商务人才培养目标及途径；第四章为我校电子商务专业特色；第五章为电子商务学科知识和课程体系；第六章为电子商务专业就业方向与前景。

本书由南京中医药大学电子商务专业教师编写。本书由汤少梁总体策划，编写工作分工如下：汤少梁、杨莉（第一章），汤少梁、罗珺（第二章），肖增敏、唐力（第三章），陈娜、罗凤琦（第四章），卞琦娟、杨玮（第五章），邓敏、朱娴（第六章）。在编写的过程中，我们参考了北京工商大学、南京航天航空大学等高校的电子商务专业的培养计划，也参考了江苏科泰集团等电子商务企业的资料，在此对他们表示诚挚的感谢！

本书适合高等院校电子商务专业本科生使用，同时也可作为其他专业本科生、教育工作者了解电子商务专业课程的参考用书。由于作者学识有限，书中难免会出现不当之处，敬请同行与读者不吝指正！

编者

2014 年 6 月

目　录

第三章　电子商务人才培养目标及途径

第四章　我校电子商务专业特色

第五章　电子商务学科知识和课程体系

第六章　电子商务专业就业方向与前景

>>>>>>第一章

电子商务专业内涵

在讨论电子商务专业内涵之前,我们先来看一组统计数据。

2013 年 12 月底:我国网民数达到 6.64 亿,普及率超过 50%,网络购物用户数达到 2.42 亿,手机网民规模达到 4.2 亿,农村网民数达到 1.46 亿,网上银行与网上支付用户人数分别为 1.91 亿和 1.87 亿,手机在线支付服务用户数为 4 500 万。

截止到 2013 年底,中国电子商务市场交易规模达 10.2 万亿元,同比增长 29.9%。其中,B2B 电子商务市场交易额达 8.2 万亿元,同比增长 31.2%,如图 1-1 所示。

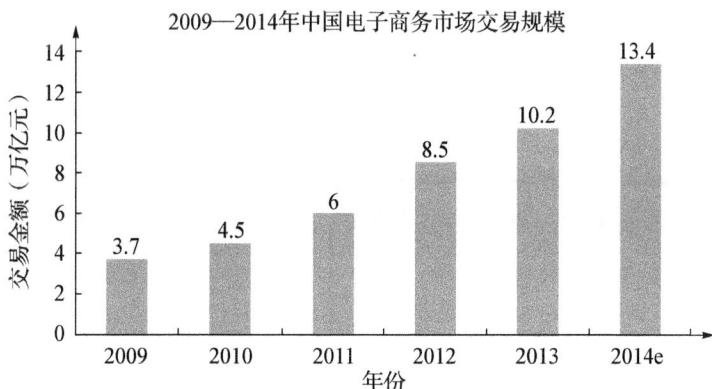

图 1-1　中国电子商务市场交易规模

2013 年网络购物交易规模达到 1.85 万亿元,同比增长 42.0%,2013
年,网络购物交易额占社会消费品零售总额的比重将达到 7.8%,比去年提高
1.6%,如图 1-2 所示。

2010—2017年中国网络购物市场交易规模

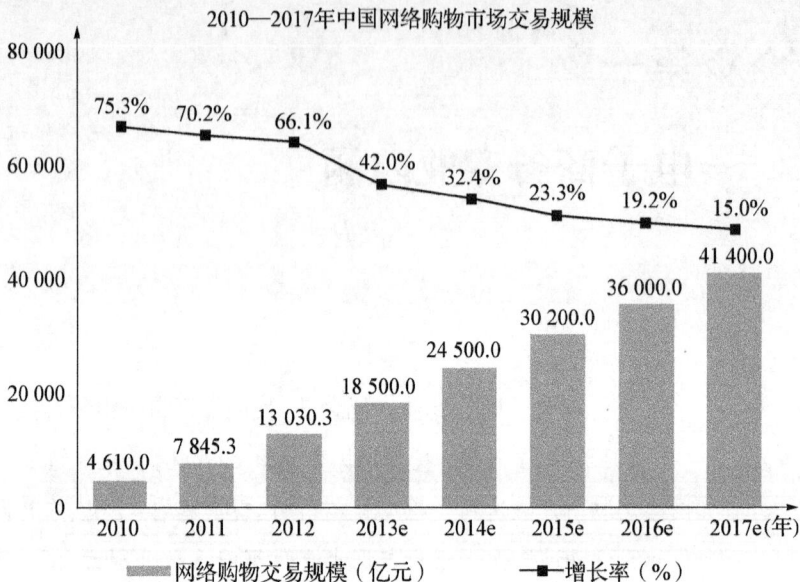

图 1-2 2010—2017 年中国网络购物市场交易规模(预期)

2013 年中国网络购物市场中 B2C 交易规模达 6 500 亿元,在 2013 年整
体网络购物市场交易规模的比重达到 35.1%,如图 1-3 所示。

2010—2017年中国购物网站细分结构市场份额变化情况

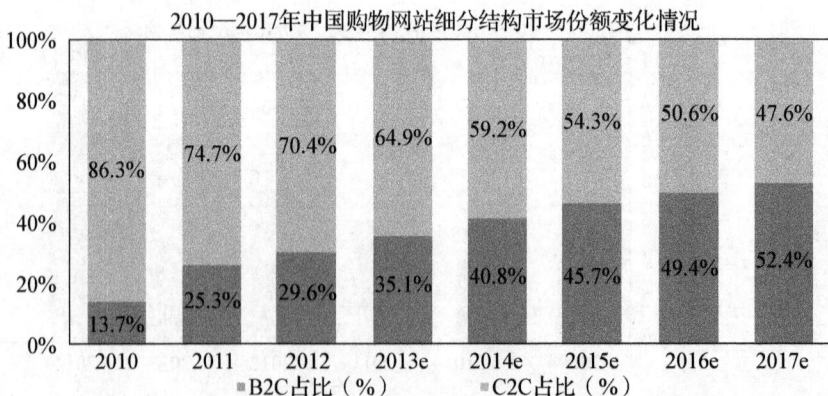

图 1-3 2010—2017 年中国购物网站细分结构市场份额变化情况(预期)

2013年,我国网络零售额超过2万亿元,同比增长67.5%,占社会消费品零售总额的比例超过6%,占世界网络零售电子商务交易额(1.09万亿美元)的18.5%,成为仅次于美国的全球第二大网络零售市场。

电子商务服务业在增加社会就业增强经济发展活力方面作用显著:央行发放195张第三方电子支付牌照,2013年中国第三方支付行业市场整体交易规模突破20万亿,达到204 221亿元,如图1-4所示。

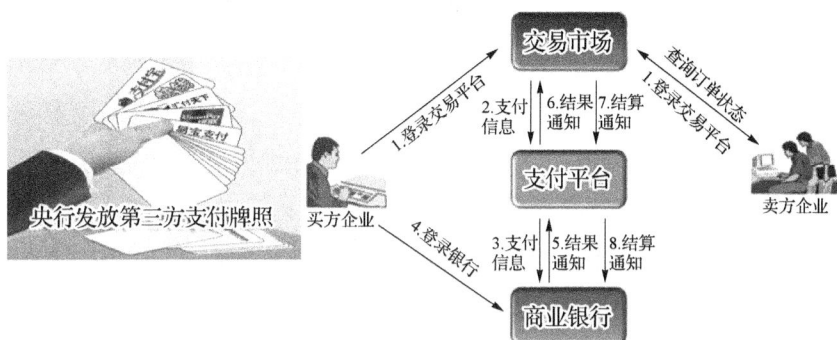

图1-4　央行发放第三方支付牌照

电子商务带动物流业发展,2012年全年完成快递业务量57亿件,同比增长55%。

据网盛研究中心统计,截止2013年6月,电子商务服务企业直接从业人员超过280万人,由电子商务间接带动的就业人数,已超过2 300万人。

国内天猫和淘宝占领了70%的国内电商销售收入,2012年"双十一"单日突破190亿元,2013"双十一"单日突破350亿。京东在短短几年内,年销售超过了苏宁+国美的销售。2013年电商销售突破了20 000亿元的规模。电商已经开始改变人的生活,改变了传统生意的格局。

(资料来源:互联网)

第一节　电子商务内涵及发展

电子商务（E-Business）通常是指在全球各地广泛的商业贸易活动中，在因特网开放的网络环境下，基于浏览器/服务器应用方式，买卖双方不谋面而进行各种商贸活动，实现消费者的网上购物、商户之间的网上交易和在线电子支付，以及各种商务活动、交易活动、金融活动和相关的综合服务活动的一种新型的商业运营模式。从英文字面意思上看，电子商务就是利用先进的电子技术从事各种商业活动的方式。电子商务的实质应该是一套完整的网络商务经营及管理信息系统。再具体一点，它是利用现有的计算机硬件设备、软件和网络基础设施，通过一定的协议连接起来的电子网络环境进行各种各样商务活动的方式。通俗的说，电子商务一般就是指利用国际互联网进行商务活动的一种方式，例如：网上营销、网上客户服务以及网上做广告、网上调查等。电子商务可以分为三个方面：信息服务、交易和支付。主要内容包括：电子商情广告；电子选购和交易、电子交易凭证的交换；电子支付与结算以及售后的网上服务等。主要交易类型有企业与个人的交易（B to C 方式，B2C）和企业之间的交易（B to B 方式，B2B）两种。参与电子商务的实体有四类：顾客（个人消费者或企业集团）、商户（包括销售商、制造商、储运商）、银行（包括发卡行、收单行）及认证中心。

电子商务各国政府、学者、企业界人士根据自己所处的地位和对电子商务参与的角度和程度的不同，给出了许多不同的定义。

一、电子商务的定义

1. 通俗定义

电子商务是指利用互联网为工具，使买卖双方不谋面地进行各种商业和贸易活动。

电子商务是以商务活动为主体,以计算机网络为基础,以电子化方式为手段,在法律许可范围内所进行的商务活动过程。

电子商务是一个不断发展的概念,电子商务的先驱 IBM 公司于 1996 年提出了 Electronic Commerce(E-Commerce)的概念,到了 1997 年,该公司又提出了 Electronic Business(E-Business)的概念。我国在引进这些概念的时候都翻译成电子商务,因此很多人对这两个概念产生了混淆。事实上这两个概念及内容是有区别的,E-Commerce 应翻译成电子商业,有人将 E-Commerce 称为狭义电子商务。将 E-Business 称为广义电子商务。狭义电子商务指利用电子信息网络实现的商品和服务交易活动的总称。广义电子商务泛指应用电子及信息技术而进行的各种经济贸易活动,如图 1-5 所示。

图 1-5　E-Business 和 E-Commerce 的区别

2. 广义电子商务的定义

电子商务是指交易当事人或参与人利用计算机技术和网络技术等现代信息技术所进行的各类商务活动,包括货物贸易、服务贸易和知识产权贸易之间(主要是企业与企业之间、企业与消费者之间)利用现代信息技术和计算机网络按照一定的标准所进行的各种商务活动。

对上述广义电子商务的定义,可以从以下几个方面来分析和理解:

首先,电子商务是一种采用最先进信息技术的商务方式。交易各方将自己的各类供求意愿按照一定的格式输入电子商务网络,电子商务网络便会根据用户的要求寻找相关的信息,并提供给用户多种交易选择。一旦用户确定了交易对象,电子商务网络就会协助完成合同的签订、分类、传递和款项收付结转等全套业务,为交易双方提供一种"双赢"的最佳选择。

其次,电子商务的本质是商务。电子商务的目标是通过互联网络这一最先进的信息技术来进行商务活动,所以它要服务于商务,满足商务活动的要求,商务活动是电子商务永恒的主题。从另一个角度来看,商务也是不断在发展的,电子商务的广泛应用将给商务本身带来巨大的影响。从根本上改变人类社会原有的商务方式,给商务活动注入全新的理念。

第三,对电子商务的全面理解应从"现代信息技术"和"商务"两个方面思考。一方面,电子商务所包含的"现代信息技术"应涵盖各种以电子技术为基础的现代通讯方式;另一方面,对"商务"一词应作广义的理解,是指契约性和非契约性的一切商务性质的关系所引起的种种事项。用集合论的观点来分析,电子商务是现代信息技术与商务两个子集的交集。

3. 狭义电子商务定义

狭义电子商务定义是仅仅将通过因特网进行的电子商务活动归属于电子商务。从发展的角度来思考问题,在考虑电子商务的概念时,仅仅局限于利用因特网进行商务活动是远远不够的。将利用各类电子信息网络进行的广告、设计、开发、推销、采购、结算等全部贸易活动都纳入电子商务的范畴比较符合发展实际。正如美国学者瑞维卡拉塔和安德鲁·B·惠斯顿所指出的:电子商务是一种现代商业方法,这种方法用来满足企业、商人和顾客的需要为目的,通过增加服务传递速度、改善服务质量、降低交易费用来达到上述目的。今天的电子商务通过少数计算机网络进行信息、产品和服务的交易,未来的电子商务则可以通过构成信息高速公路的无数网络中的任何一个网络进行交易。也就是说现在电子商务以因特网为主要载体,但不等于只能永远采用这一种载体,未来的电子商务必将采用比因特网这一目前覆盖最广的载体还要先进得多的其他网络载体。

二、电子商务的经营模式

电子商务经营模式是指电子化企业如何运用资讯科技与互联网经营企业的方式,可简略归纳为 B to B（Business to Business, B2B）、B to C（Business to Consumer, B2C）、C to B（Consumer to Business, C2B）、C to C（Consumer to Consumer, C2C）、O to O（Online To Offline, O2O）五种经营模式。

1. 关于 B2B

（1）B2B 概念:主要是针对企业内部以及企业（B）与上下游协力厂商（B）之间的资讯整合,并在互联网上进行的企业与企业间交易。借由企业内部网（Intranet）建构资讯流通的基础,及外部网络（Extranet）结合产业的上中下游厂商,达到供应链（SCM）的整合。因此透过 B2B 的商业模式,不仅可以简化企业内部资讯流通的成本,更可使企业与企业之间的交易流程更快速、更减少成本的耗损。

（2）B2B 运作:阶段一,让整个企业与企业间的"供应链"与"配销商"管理自动化,透过互联网,不但节省成本增加效率,更能增加开发新市场的机会,企业间商业交易资讯交换,如采购单、商业发票及确认通知等;阶段二,电子资料交换（EDI）,其运作方式是将电子表格的每一个字段,以一对一的方式,对应于商业交易书面表格中的每一部分,如所有的采购单及交易记录都记录在数据库中;阶段三,电子资金转移,如银行与其往来企业间资金的自动转账;阶段四,所有的出货需求在经过数据库处里后会自动完成物流配送的要求。

B2B 业界代表:阿里巴巴、中国制造网、慧聪网、环球资源网、太平洋门户网等。

（3）B2B 案例分析

阿里巴巴是全球 B2B 电子商务的著名品牌,是目前全球最大的网上交易市场和商务交流社区。阿里巴巴创建于 1998 年年底,总部设在杭州,并在海外设立美国硅谷、伦敦等分支机构。良好的定位、稳固的结构、优秀的服务使阿里巴巴成为全球首家拥有 210 万商人的电子商务网站,成为全球商人网络推广的首选网站,被商人们评为"最受欢迎的 B2B 网站"。2014 年,阿里巴巴已在美国上市。杰出的成绩使阿里巴巴受到各界人士的关注。WTO 首任总干事萨瑟兰出任阿里巴巴顾问,美国商务部、日本经济产业省、欧洲中小企业联合会等政府和民间机构均向本地企业推荐阿里巴巴。

阿里巴巴的运营模式取得成功主要有以下几个的原因:

首先,专做信息流,汇聚大量的市场供求信息。马云曾阐述了以下观点,即中国电子商务将经历三个阶段,信息流、资金流和物流阶段。目前还停留在信息流阶段。交易平台在技术上虽然不难,但没有人使用,企业对在线交易基本上还没有需求,因此做在线交易意义不大。这是阿里巴巴最大的特点,就是做今天能做到的事,循序渐进发展电子商务。

第二,阿里巴巴采用本土化的网站建设方式,针对不同国家采用当地的语言,简易可读。这种便利性和亲和力将各国市场有机地融为一体。阿里巴巴已经建立运作四个相互关联的网站:英文国际网站(http://www.alibaba.com)面向全球商人提供专业服务;简体中文中国网站(http://china.aliaba.com)主要为中国大陆市场服务;全球性繁体中文网站(http://chinese.alibaba.com)则为台湾、香港、东南亚及遍及全球的华商服务;韩文的韩国网站(http://kr.alibaba.com)针对韩文用户服务。

第三,在起步阶段,网站放低会员准入门槛。以免费会员制吸引企业登录平台注册用户,从而汇聚商流,活跃市场,会员在浏览信息的同时也带来了源源不断的信息流和无限商机。2013 年 6 月 20 日,阿里巴巴集团对外宣布:旗下 B2B 平台 1688 注册会员数于今日突破 1 亿。阿里巴巴会员多数为中小企业,免费会员制是吸引中小企业的最主要因素。在市场竞争日趋复杂激烈的情况下,中小企业当然不肯错过这个成本低廉的机遇,利用网上市场来抓住企业商机。

第四,阿里巴巴通过增值服务为会员提供了优越的市场服务。增值服务一方面加强了这个网上交易市场的服务项目功能,另一方面又使网站能有多种方式实现直接赢利。阿里巴巴的赢利栏目主要是:中国供应商、委托设计公司网站、网上推广项目和诚信通。

第五,适度但比较成功的市场运作。比如福布斯评选,提升了阿里巴巴的品牌价值和融资能力。阿里巴巴与日本互联网投资公司软库(Softbank)结盟,请软库公司首席执行官、亚洲首富孙正义担任阿里巴巴的首席顾问,邀请世界贸易组织前任总干事、现任高盛国际集团主席兼总裁彼得·萨瑟兰担任阿里巴巴的特别顾问。通过各类成功的宣传运作,阿里巴巴多次被选为全球最佳 B2B 站点之一。

2. 关于 B2C

(1)B2C 概念:企业透过网络销售产品或服务给个人消费者。企业厂商直接将产品或服务推上网络,并提供充足资讯与便利的接口吸引消费者选购,这也是目前一般最常见的作业方式,例如网络购物、证券公司网络下单作业、一般网站的资料查询作业等等,都是属于企业直接接触顾客的作业方式。

(2)B2C 运作:阶段一,使用者透过入口网站找寻到特定的目的网站后,会接收来自目的社群网站(或称店家)的商品资料;阶段二,在 B2C 的运作模式中,使用者通常会将个人资料交给店家,而店家会将使用者资料加以储存,以利未来的行销依据,当使用者要在某店家消费时会输入订单资料及付款资料;阶段三,将使用者的电子认证资料、订单资料及付款资料一并送到商店端的交易平台,店家保留订单资讯,其他的送到认;阶段四,收单银行去请求授权,并完成认证;阶段五,完成认证后,店家将资料传送到物流平台,最后完成物流的配送。

B2C 业界代表:京东商城、当当、卓越亚马逊、苏宁易购、一号店等。

3. 关于 C2B

C2B 模式更具革命性,它将商品的主导权和先发权,由厂商身上交给了消费者。传统的经济学概念认为针对一个产品的需求越高,价格就会越高,但由消费者因议题或需要形成的社群,透过社群的集体议价或开发社群需求,只要越多消费者购买同一个商品,购买的效率就越高,价格就越低,这就是 C2B 的主要特征。C2B 模式,强调用"汇聚需求"(demand aggregator),

取代传统"汇聚供应商"的购物中心型态,被视为是一种接近完美的交易型式。

C2B 业界代表:PriceLine。

4. 关于 C2C

(1)C2C 概念:是指消费者与消费者之间的互动交易行为,这种交易方式是多变的。例如消费者可同在某一竞标网站或拍卖网站中,共同在线上出价而由价高者得标。或由消费者自行在网络新闻论坛或 BBS 上张贴布告以出售二手货品,甚至是新品,诸如此类因消费者间的互动而完成的交易,就是 C2C 的交易。

目前竞标拍卖已经成为决定稀有物价格最有效率的方法之一,举凡古董、名人物品、稀有邮票等。只要需求面大于供给面的物品,就可以使用拍卖的模式决定最佳市场价格。拍卖会商品的价格因为欲购者的彼此相较而逐渐升高,最后由最想买到商品的买家以最高价买到商品,而卖家则以市场所能接受的最高价格卖掉商品,这就是传统的 C2C 竞标模式。

C2C 竞标网站,竞标物品是多样化而毫无限制,商品提供者可以是邻家的小孩,也可能是顶尖跨国大企业;货品可以是自制的糕饼,也可能是毕加索的真迹名画。且 C2C 并不局限于物品与货币的交易,在这虚拟网站中,买卖双方可选择以物易物,或以人力资源交换商品。例如一位家庭主妇以准备一桌筵席的服务,换取心理医生一节心灵澄静之旅,这就是参加网络竞标交易的魅力,网站经营者不负责物流,而是协助汇集市场资讯,以及建立信用评等制度。买卖两方消费者看对眼,自行商量交货和付款方式,每个人都可以创造一笔惊奇的交易。

(2)C2C 运作:阶段一,卖方将欲卖的货品登记在社群服务器上;阶段二,买方透过入口网页服务器得到二手货资料;阶段三,买方透过检查卖方的信用度后,选择欲购买的二手货;阶段四,透过管理交易的平台,分别完成资料记录;阶段五,付款认证;阶段六,付款给卖方;阶段七,透过网站的物流运送机制,将货品送到买方。

C2C 业界代表:淘宝、拍拍、ebay、易趣。

5. 关于 O2O

（1）O2O 概念：将线下商务的机会与互联网结合在了一起，让互联网成为线下交易的前台。这样线下服务就可以用线上来揽客，消费者可以用线上来筛选服务，还有成交可以在线结算，很快达到规模。该模式最重要的特点是：推广效果可查，每笔交易可跟踪。

（2）O2O 运作：阶段一，线上发布品牌商家发布选址需求、展示项目详情；阶段二，线下导入商家以及项目相关资料进行匹配；阶段三，随后带领有意向合作商家进行线下看铺团，实地踩盘；阶段四，最终达成合作的意向。

O2O 业界代表：美团网、拉手网等是团购电子商务平台的典型代表，实现消费者线上付款、线下消费。

三、医药电子商务

1. 医药电子商务的概念

我国药品监督管理局在 2000 年 6 月 26 日颁布的《药品电子商务试点监督管理办法》中对"药品电子商务"进行了定义；药品电子商务是指药品生产者、经营者或使用者，通过信息网络系统以电子数据信息交换的方式进行并完成各种商务活动。在此基础上对"医药电子商务"进行进一步延伸，可认为，医药电子商务是指医疗机构、医药公司、银行、药品生产单位、医药信息服务提供商、保险公司以及医药服务消费者，通过信息网络系统以电子化的方式实现各种形式的商务活动和相关的服务活动。以政府医疗机构、医药公司、银行、药品生产单位、医药信息服务提供商以及保险公司为网络成员，通过互联网为用户提供安全 、可靠、开放并易于维护的医药贸易电子商务平台。

2. 医药电子商务的发展

医药电子商务自 2005 年起正式起步，最初的探索主要集中在自建官网的垂直电商模式。2012 年京东商城和天猫的加入让其开始爆发，整个行业呈现高速发展态势，进入第三方平台红利期。《2013 中国医药互联网发展报告》指出,天猫医药馆是目前网上药店最为重要的第三方平台,促进网上药店实现销售总额提升的效果十分明显。据悉,目前超过60%的网上药店都已经入驻天猫医药馆,部分新生的网上药店仅以少数的商品品类即获得了较大的市场销售,网上药店"黑马"不断涌现。但尴尬的是,天猫、京东这类拥有巨大流量的电子商务平台并未获得药品在线交易的资格,目前只能作为药品交易的第三方信息平台,而已拿证企业所搭建的平台却因为流量不高、知名度低,对商家缺乏足够的吸引力。不过值得关注的是,河北慧眼医药科技有限公司的第三方平台药品网上零售试点工作已经开展。

目前,国内部分知名医药工业企业已经入驻天猫,且成绩不俗。据统计,东阿阿胶500 g规格的阿胶块在天猫旗舰店中的累计销售额已超过2 000万元,而康恩贝仅在"双十一"当天就实现了1 400万元的销售额。工业企业将逐步成为医药电商的幕后主导力量,且部分企业会走向前台。

四、电子商务的特征

从电子商务的含义可以将电子商务的特征归结为以下几点:普遍性、方便性、协调性、商务性、服务性、集成性、可扩展性、安全性。

1. 普遍性

电子商务作为一种新型的交易方式,将生产企业、流通企业以及消费者和政府带入了一个网络经济、数字化生存的新天地。

2. 方便性

在电子商务环境中,人们不再受地域的限制,客户能以非常简捷的方式完成过去较为繁杂的商务活动,如通过网络银行能够全天候地存取账户资金、查询信息等,同时使企业对客户的服务质量得以大大提高。

3. 协调性

商务活动本身是一种协调过程,它需要客户与公司内部、生产商、批发商、零售商间的协调,在电子商务环境中,它更要求银行、配送中心、通讯部门、技术服务等多个部门的通力协作,电子商务的全过程往往是一气呵成的。

4. 商务性

电子商务最基本的特性为商务性，即提供买卖交易的服务、手段和机会。网上购物提供一种客户所需要的方便途径。因而，电子商务对任何规模的企业而言，都是一种机遇。就商务性而言，电子商务可以扩展市场，增加客户数量；通过将万维网信息连至数据库，企业能记录下每次访问、销售、购买形式和购货动态以及客户对产品的偏爱，企业可以通过统计这些数据来获知客户哪些是最想购买的产品。

5. 服务性

在电子商务环境中，客户不再受地域的限制，像以往那样，忠实地只做某家邻近商店的老主顾，他们也不再仅仅将目光集中在最低价格上。因而，服务质量在某种意义上成为商务活动的关键。技术创新带来新的结果，万维网应用使得企业能自动处理商务过程，并不再像以往那样强调公司内部的分工。现在互联网上许多企业都能为客户提供完整服务，而万维网在这种服务的提高中充当了催化剂的角色。

企业通过将客户服务过程移至万维网上，使客户能以一种比过去简捷的方式完成过去他们较为费事才能获得的服务。如将资金从一个存款户头移至一个支票户头，查看一张信用卡的收支，记录发货请求，乃至搜寻购买稀有产品，这些都可以足不出户而实时完成。

电子商务提供的客户服务具有一个明显的特性：方便。这不仅对客户来说如此，对于企业而言，同样也能受益。不妨来看这样一个例子。比利时的塞拉银行，通过电子商务，使得客户能全天候地存取资金账户，快速地浏览诸如押金利率、贷款过程等信息，这使得服务质量大为提高。

6. 集成性

电子商务是一种新兴产物，其中用到了大量新技术，但并不是说新技术的出现就必须导致老设备的死亡。万维网的真实商业价值在于协调新老技术，使用户能更加行之有效地利用他们已有的资源和技术，更加有效地完成他们的任务。

电子商务以计算机网络为主线，对商务活动的各种功能进行了高度的集成,同时也对参加商务活动的商务主体各方进行了高度的集成。高度的集成性使电子商务进一步提高了效率。

电子商务的集成性,还在于事务处理的整体性和统一性,它能规范事务处理的工作流程,将人工操作和电信息处理集成为一个不可分割的整体。这样不仅能提高人力和物力的利用,也提高了系统运行的严密性。

电子商务能够规范事务处理的工作流程,将人工操作和信息处理集成为一个不可分割的整体,这样不仅能提高人力和物力的利用率,也可以提高系统运行的严密性。

7. 可扩展性

要使电子商务正常运作,必须确保其可扩展性。互联网上有数以亿计的用户,而传输过程中,时不时地出现高峰状况。倘若一家企业原来设计每天可受理 40 万人次访问,而实际却有 80 万人次,就必须尽快配有一台扩展的服务器,否则客户访问速度将急剧下降,甚至还会拒绝数千次可能带来丰厚利润的客户的来访。

对于电子商务来说,可扩展的系统才是稳定的系统。如果在出现高峰状况时能及时扩展,就可使得系统阻塞的可能性大为下降。电子商务中,耗时仅 2 分钟的重新启动也可能导致大量客户流失,因而可扩展性可谓极其重要。

8. 安全性

对于客户而言,无论网上的物品如何具有吸引力,如果他们对交易安全性缺乏把握,他们根本就不敢在网上进行买卖。企业和企业间的交易更是如此。

在电子商务中,安全性是一个至关重要的核心问题,它要求网络能提供一种端到端的安全解决方案,如加密机制、签名机制、安全管理、存取控制、防火墙、防病毒保护等等,这与传统的商务活动有着很大的不同。

在电子商务中,安全性是必须考虑的核心问题。欺骗、窃听、病毒和非法入侵都在威胁着电子商务,因此要求网络能提供一种端到端的安全解决方案,包括加密机制、签名机制、分布式安全管理、存取控制、防火墙、安全万维网服务器、防病毒保护等。为了帮助企业创建和实现这些方案,国际上多家公司联合开展了安全电子交易的技术标准和方案研究,并发表了SET(安全电子交易)和SSL(安全套接层)等协议标准,使企业能建立一种安全的电子商务环境。随着技术的发展,电子商务的安全性也会相应得以增强,作为电子商务的核心技术。

五、电子商务的功能

电子商务可提供网上交易和管理等全过程的服务,因此它具有广告宣传、咨询洽谈、网上订购、网上支付、电子账户、服务传递、意见征询、交易管理等各项功能。

1. 广告宣传

电子商务可凭借企业的Web服务器和客户的浏览,在互联网上发播各类商业信息。客户可借助网上的检索工具迅速地找到所需商品信息,而商家可利用网上主页和电子邮件在全球范围内作广告宣传。与以往的各类广告相比,网上的广告成本最为低廉,而给顾客的信息量却最为丰富。

2. 咨询洽谈

电子商务可借助非实时的电子邮件、新闻组和实时的讨论组来了解市场和商品信息、洽谈交易事务,如有进一步的需求,还可用网上的白板会议来交流即时的图形信息。网上的咨询和洽谈能超越人们面对面洽谈的限制、提供多种方便的异地交谈形式。

3. 网上订购

电子商务可借助Web中的邮件交互传送实现网上的订购。网上的订购通常都是在产品介绍的页面上提供十分友好的订购提示信息和订购交互格式框。当客户填完订购单后,通常系统会回复确认信息单来保证订购信息的收悉。订购信息也可采用加密的方式使客户和商家的商业信息不会泄漏。

4. 网上支付

电子商务要成为一个完整的过程,网上支付是重要的环节。客户和商家之间可采用信用卡账号进行支付。在网上直接采用电子支付手段将可省略交易中很多人员的开销。网上支付需要更为可靠的信息传输安全性控制以防止欺骗、窃听、冒用等非法行为。

5. 电子账户

网上的支付必需要有电子金融来支持,即银行或信用卡公司及保险公司等金融单位要为金融服务提供网上操作的服务。而电子账户管理是其基本的组成部分。

信用卡号或银行账号都是电子账户的一种标志。而其可信度需配以必要技术措施来保证。如数字证书、数字签名、加密等手段的应用提供了电子账户操作的安全性。

6. 服务传递

对于已付了款的客户应将其订购的货物尽快地传递到他们的手中。而有些货物在本地,有些货物在异地,电子邮件将能在网络中进行物流的调配。而最适合在网上直接传递的货物是信息产品,如软件、电子读物、信息服务等,它能直接从电子仓库中将货物发到用户端。

7. 意见征询

电子商务能十分方便地采用网页上的“选择”、“填空”等格式文件来收集用户对销售服务的反馈意见。这样使企业的市场运营能形成一个封闭的回路。客户的反馈意见不仅能提高售后服务的水平,更使企业获得改进产品、发现市场的商业机会。

8. 交易管理

整个交易的管理将涉及人、财、物多个方面,企业和企业、企业和客户及企业内部等各方面的协调和管理。因此,交易管理是涉及商务活动全过程的管理。

电子商务的发展,将会提供一个良好的交易管理的网络环境及多种多样的应用服务系统。这样,能保障电子商务获得更广泛的应用。

六、电子商务对社会经济的影响

电子商务从根本上改变了社会经济,推动了社会发展和经济增长。电子商务尤其是 B2B 业务增长迅速,降低了成本从而提高了经济效率,促进了市场的根本变化,它将带来就业增长,也将造成技能需求结构的变化。电子商务的社会经济影响对政策提出了新要求。

理解电子商务对社会经济的影响涉及四个重要问题:

1. 电子商务从根本上改变了市场

电子商务将改变进行商务活动的方式:传统的中介功能将被取代,新产品和新市场将出现,企业和消费者之间将建立起远比过去密切的新型关系。它将改变工作的组织方式:知识扩散及人们在工作场所中互相合作的新渠道将产生,工作中将需要更强的灵活性和适应性,工人的职责和技能将重新定义。

2. 电子商务具有催化作用

电子商务将使经济中已经出现的变化加快速度,并更加广泛地传播,如管制改革,企业间电子连接(EDI)的建立,经济活动全球化和对高技能工人的需求。类似地,已经出现的许多局部性的趋势由于电子商务的作用,都将加速发展。

3. 电子商务大大提高了经济中各种因素相互影响的程度

这些联系现在延伸到小企业和居民户中并传播到整个世界。接入方式将从个人电脑转移到更为普遍的电视机和电话及未来设备上。人们在任何事件、任何地点进行通信联络和商业交易的能力将日益增强。这将侵蚀经济和地理的边界。

4. 开放性是电子商务扩张内在的技术和哲学信条

互联网作为商务平台的普遍使用源自它的非私有的标准和开放的天性,及经过演变对它形成支持的巨大产业。连接巨大的网络产生的经济力量将有助于新的标准保持开放。更重要的是,开放性是作为一项战略出现的,因为许多非常成功的电子商务企业对他们的内部工作方式、数据库和人员情况,给予商业伙伴和消费者不同的接触机会,造成了消费者地位的变化,他们正日益成为产品设计和创造的伙伴。未来的开放性将建立在消费者 / 市民这部分人群上,这将使经济和社会发生根本性的变化,其中既有好的,如透明性增强、竞争加剧,也有坏的,如侵犯私人生活的可能性。

七、电子商务的未来发展趋势

1. 移动电子商务

截至 2013 年 12 月底,中国移动手机用户数量 11.65 亿,中国网民数量达 6.04 亿,其中手机网民达 4.64 亿,2013 年也是移动互联网飞速发展的一年,绝大多数的传统互联网业务都提供了移动端的服务,购物、支付、旅游、休闲娱乐、生活服务、订餐、酒店……互联网用户消费习惯日益移动化,随时随地,移动电商的疯狂崛起已成为必然。

移动支付在过去几年中摸索前进,从手机支付宝购物,到水电、宽带、加油卡、交易费,一些日常的交易都逐渐能够轻松完成(图 1-6)。2013 年微信支付的推出,有可能彻底将移动支付从"非主流"推上"主流"地位。目前,已经出现了很多单纯依靠移动支付如微信平台等,便可单月盈利几万十几万的个人卖家。而 2014 年,随着 4G 时代的全面到来和智能手机的持续普及,移动支付的大浪正在走来,图 1-7 和图 1-8 分别为 2014 年 2 月被访网民购物终端选择情况和被访网民移购物入口情况。

图 1-6 移动电子商务

2014年2月被访网民购物终端选择情况

电脑（台式机+笔记本）购物 ——— 85%

手机购物 ——— 59%

平板电脑购物 ——— 20%

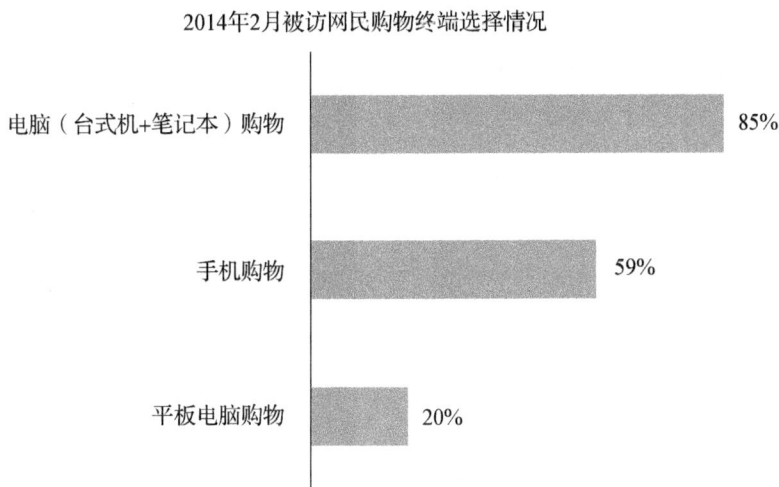

Source: iCTR在线话题调研，201402，N=8206.

图 1-7 2014 年 2 月被访网民购物终端选择情况

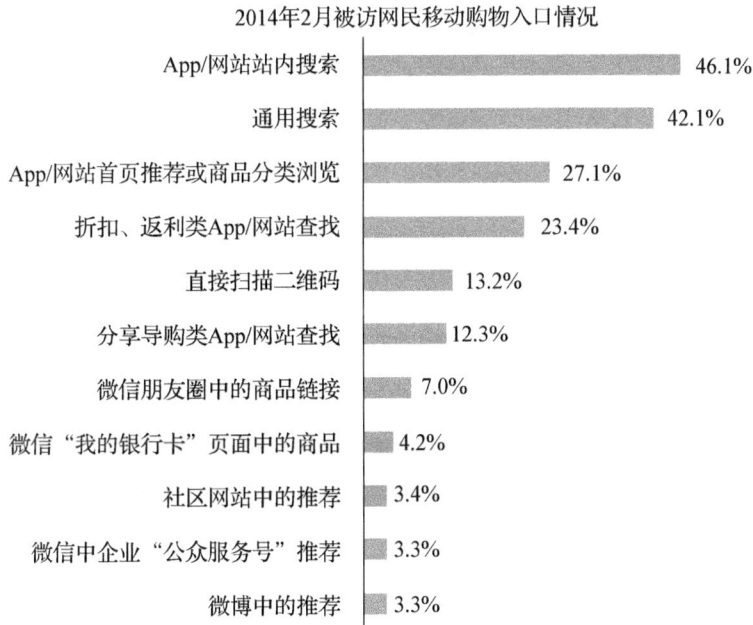

2014年2月被访网民移动购物入口情况

App/网站站内搜索 ——— 46.1%

通用搜索 ——— 42.1%

App/网站首页推荐或商品分类浏览 ——— 27.1%

折扣、返利类App/网站查找 ——— 23.4%

直接扫描二维码 ——— 13.2%

分享导购类App/网站查找 ——— 12.3%

微信朋友圈中的商品链接 ——— 7.0%

微信"我的银行卡"页面中的商品 ——— 4.2%

社区网站中的推荐 ——— 3.4%

微信中企业"公众服务号"推荐 ——— 3.3%

微博中的推荐 ——— 3.3%

Source: iCTR在线话题调研，201402，N=8882.

图 1-8 2014 年 2 月被访网民移购物入口情况

2. 多平台运营

当阿里通过透支创造"双十一"350亿时,当淘宝流量变得越来越贵时,当越来越多的中小卖家再次离开阿里时,当京东、微信平台等多渠道开始兴起时,多平台运营已基本成为2014年电商最大趋势之一。

2013年,当品牌商们猛然发现自己一直在"打工"时,把品牌命运掌握在自己手里,已成为大家共同的心声。而全网渠道、全网营销、多平台的组合运营,也会成为品牌商更快速发展的必由之路。不再单一局限于某一平台,这样才能成就更大的中国电商市场发展。

3. 社交网络与电子商务融合

2013年5月9日,阿里巴巴以5.86亿美元购入新浪微博18%的股份,这说明电商正在加速社交元素的融入。社交网络和电子商务的融合成为流行的商业实践,随着各大社交网络用户的日渐成熟以及规模的日益庞大,用户与品牌企业之间的互动交流正在加剧,且用户之间的相互分享正在产生着交叉营销效应,使社交网络的广告效益不断凸显。

社会化媒体的崛起,在带给我们新营销方式的同时,也带给我们更低成本获取用户并与之建立关联的机会。再可预见,2014年,社会化营销必然成为电商的主流趋势之一。

4. O2O

在O2O没有出来之前,电商的流量入口其实很窄,但2013年,随着微信等移动工具的爆发,整个购物的应用场景也发生了变化,互联网深度介入服务行业,例如,餐饮、打车、休闲等与普通老百姓密切相关的生活服务行业都在经历这种变化。比如,淘宝推出手机点菜应用,消费者可以定位附近餐馆,并实现线上点菜,进店后扫描二维码下单,全程无需服务员介入。随着支付宝钱包、微信支付等移动支付技术的日益成熟和完善,将为O2O模式提供一个更可靠的支付闭环。可以预见,2014年,O2O将全面爆发!无论是电商品牌商,还是电商平台,都在围绕O2O展开布局。

5. 电商金融

2013年6月,阿里巴巴发布"余额宝";2013年7月,新浪发布"微银行"；2013年8月,腾讯发布微信5.0与"财付通"打通。在阿里推出余额宝不到半年时间,其销售额已过1 000亿,用户数量超过3 000万。这让原本默默无名的天弘基金瞬间跻身国内基金业翘楚。传统保险理财投资等公司更是纷纷试水电商,电商金融已成为兵家必争之地。2013年可谓为互联网金融元年,2014年电商金融势必成为投资人关注的最热点。

第二节 电子商务专业简介

电子商务专业是融计算机科学、市场营销学、管理学、法学和现代物流于一体的新型交叉学科。培养掌握计算机信息技术、市场营销、国际贸易、管理、法律和现代物流的基本理论及基础知识,具有利用网络开展商务活动的能力和利用计算机信息技术、现代物流方法改善企业管理方法,提高企业管理水平能力的创新型、复合型电子商务高级专门人才。电子商务专业旨在培养具有扎实的经济与管理等方面的基本理论,熟悉信息科学与技术的基本知识和方法,掌握电子商务系统工程的开发、应用与管理的技术和技能,具有创新精神、较强的管理能力和独立分析问题的能力,从事现代商务管理、电子商务开发、应用与管理的高级专门人才。

一、学科设置及电子商务专业定位

1. 学科设置与学位

（1）本科专业目录与学科门类：我国最新的本科专业目录是教育部于2012年颁布实施。共设11个学科门类：哲学、经济学、法学、教育学、文学、历史学、理学、工学、农学、医学、军事学、管理学,对应11类学士学位。

（2）管理学门类：管理学门类共设8个二级类（一般称为一级学科）：管理科学与工程、工商管理、农业经济管理、公共管理、图书情报与档案管理、物流管理与工程、工业工程、服务业管理。

2. 我校管理学门类下的本科生培养

（1）信息管理与信息系统专业属管理科学与工程学科,获管理学学位。

（2）工商管理属工商管理学科,获管理学学位。

（3）市场营销属工商管理学科,获管理学学位。

（4）劳动与社会保障属公共管理学科,获管理学学位。

（5）电子商务属服务业管理学科,获管理学学位。

3. 电子商务专业定位

（1）与电子商务相关的学科门类: 管理学、经济学、工学—计算机科学与技术和法学。

（2）电子商务专业可授予的学位: 电子商务是由多个学科门类形成的交叉学科,教育部电子商务本科专业代码为110801,属管理学门类的服务业管理学科之下。电子商务可授予多种学位: 管理学、经济学、工学。

二、电子商务专业方向及要求

1. 电子商务专业方向

电子商务专业有六个专业方向: 网站设计与程序方向、网络营销编辑方向、网络产品规划方向、企业信息化、个人网络创业及银行卡研发方向。电子商务专业在不同高校里要求的课程也是不一样的,一些院校注重电子商务网络技术、计算机技术,还有一些院校会把课程重点放在商务模式上面,这些主要体现在这个专业所在的院系,有的在管理学院,有的会在信息科学与技术学院,有的会在软件学院。各个院校培养出来的学生的专长也会有一定的区别。

2. 电子商务专业要求

电子商务专业主要课程: 计算机网络原理、电子商务概论、网络营销基础与实践、电子商务与国际贸易、电子商务信函写作、电子商务营销写作实务、营销策划、网页配色、网页设计、数据结构、Java 语言、Web 标准与网站重构、FlashAction Script 动画设计、UI 设计、电子商务网站建设、电子商务管理实务、ERP 与客户关系管理、电子商务物流管理、电子商务专业英语、新闻采集、写作和编辑的基本技能。

电子商务专业学生主要学习：①基础知识、经济数学、英语、经济法、经济写作等知识；②商业企业经营与管理理论知识；③计算机基础知识；④电子商务概论；⑤计算机网络与网络营销知识；⑥市场营销知识、网络推广知识；⑦企业战略管理；⑧仓储与物流学；⑨电子商务安全与支付；⑩文案编辑能力。

电子商务专业能力要求：①具有电子商务系统规划和建设的管理能力；②具有电子商务项目的评价能力；③具有电子商务系统运作管理能力；④具有电子商务系统安全管理能力；⑤具有网络营销项目的策划、实施和管理能力；⑥具有运用电子商务系统处理合同交易结算等商务事务的能力；⑦具有专业中文文书写作能力和一般性英语业务资料的处理能力；⑧具有市场营销项目的策划、实施的能力；⑨具有产品销售与公共关系处理的能力。

电子商务专业知识要求：①掌握本专业所需的文化基础知识和专业基础知识；②掌握计算机网络和信息技术基本知识；③掌握市场与网络营销概念、营销策划、营销技术等基本知识；④掌握销售分析、商务谈判、市场调研、网络营销等基本知识；⑤掌握商务运作与管理的基本知识；⑥掌握电子商务法律法规基本知识。

电子商务专业素质要求：①良好的身体素质；②适应本专业工作的心理素质；③良好的团队合作精神、沟通能力以及一定的领导素质。

三、电子商务专业工作方向

电子商务专业的学生毕业后,可从事银行的后台运作（网络运作）、企事业单位网站的网页设计、网站建设和维护、网络编辑、网站内容的维护和网络营销（含国际贸易）、企业商品和服务的营销策划等专业工作,或从事客户关系管理、电子商务项目管理、电子商务活动的策划与运作、电子商务系统开发与维护工作以及在各级学校从事电子商务教学等工作。专科学生,还可以在呼叫中心从事电话营销、电子商务助理等文职的工作。

电子商务专业就业岗位：①网站运营经理／主管；②网站策划／编辑；③网站推广；④网站开发人员；⑤网站设计；⑥网络营销员；⑦外贸电子商务；⑧电子商务物流。

>>>>>>第二章

电子商务专业发展情况及国内外比较

第一节　电子商务专业背景

背景资料：

CNNIC 发布第 33 次《中国互联网络发展状况统计报告》

1. 互联网发展从"量变"转向"质变"，手机终端应用持续升温

2014 年 1 月 16 日，中国互联网络信息中心（CNNIC）在京发布第 33 次《中国互联网络发展状况统计报告》（以下简称《报告》）。《报告》显示，截至 2013 年 12 月，中国网民规模达 6.18 亿，互联网普及率为 45.8%。其中，手机网民规模达 5 亿，继续保持稳定增长。手机网民规模的持续增长促进了手机端各类应用的发展，成为 2013 年中国互联网发展的一大亮点。

2. 网民规模增长进入平台期，发展主题从"量变"转向"质变"

《报告》显示，截至 2013 年 12 月，中国网民规模达 6.18 亿，全年新增网民 5 358 万人。互联网普及率为 45.8%，较 2012

年底提升了 3.7%。综合近年来网民规模数据及其他相关统计,中国互联网普及率逐渐饱和,互联网发展主题从"数量"向"质量"转换,具备互联网在经济社会中地位提升、与传统经济结合紧密、各类互联网应用对网民生活形态影响力度加深等特点。

3. 手机网民数量持续增长,高流量手机应用成亮点

截至 2013 年 12 月,中国手机网民规模达到 5 亿,年增长率为 19.1%,继续保持上网第一大终端的地位。网民中使用手机上网的人群比例由 2012 年底的 74.5% 提升至 81.0%,远高于其他设备上网的网民比例,手机依然是中国网民增长的主要驱动力。

在 3G 网络进一步普及、智能手机和无线网络持续发展的背景下,视频、音乐等高流量手机应用拥有越来越多的用户。截至 2013 年 12 月,我国手机端在线收看或下载视频的用户数为 2.47 亿,与 2012 年底相比增长了 1.12 亿,增长率高达 83.8%,在手机类应用用户规模增长幅度统计中排名第一。用户上网设备向手机端转移、使用基础环境的改善和上网成本的下降,这三方面是手机端高流量应用使用率激增的主要原因。

4. 社交类综合平台持续升温,网络游戏终端竞争加剧

《报告》显示,2013 年微博、社交网站、论坛等互联网应用的使用率较 2012 年有所下降。类似即时通信等以社交元素为基础的平台应用则发展稳定:在 2013 年,整体即时通信用户规模在移动端的推动下提升至 5.32 亿,较 2012 年底增长 6 440 万,使用率达 86.2%。与传统及时通信工具、社交网站相比,以社交为基础的综合平台不仅拥有更强的通信功能,还增加了信息分享等社交类应用,并为用户提供了诸如支付、金融等内容的综合服务,最大限度地增加了用户粘性,保证了用户规模的持续增长。

与之相比,2013 年中国网络游戏用户增长速度明显放缓。《报告》显示,网民使用率从 2012 年的 59.5% 降至 54.7%。网络游戏用户规模为 3.38 亿,增长数量仅为 234 万。与网络游戏市场整体增长乏力现状形成鲜明对比的是,手机网络游戏用户的增长十分迅速:截至 2013 年 12 月,我国手机网络游戏用户数为 2.15 亿,较 2012 年底增长了 7 594 万,年

增长率达到 54.5%。传统的 PC 端网络游戏增长乏力,面临手机网络游戏高速增长的挑战。

5. 网购团购规模增速明显,企业电商应用尚待提升

《报告》表明,2013 年以网络购物、团购为主的商务类应用保持较高的发展速度。2013 年,中国网络购物用户规模达 3.02 亿,使用率达到 48.9%,相比 2012 年增长了 6.0%。在商务类应用中,团购市场的增长最为迅猛:2013 年团购用户规模达 1.41 亿,团购的使用率为 22.8%,相比 2012 年增长了 8.0 个百分点,使用率年增速达 54.3%,成为商务类应用的最大亮点。

对比高速增长的网络购物和团购类商务应用,企业电子商务应用仍然存在提升空间。2013 年,中国企业在线采购和在线销售的比例分别为 23.5% 和 26.8%,利用互联网开展营销推广活动的企业比例为 20.9%。不同行业的电子商务应用普及率差距较大,其中制造业、批发零售业电子商务应用化较为普遍。在企业电子商务应用的规模方面,与大中型企业相比,微型企业对电子商务的应用普及还需要进一步加强。

（资料来源：CNNIC）

一、行业背景

从网络的出现直到现在,电子商务基本经历了三个阶段:

1. 拼命打基础的阶段

这一阶段以接入网络、企业网站建设为主要内容。很多企业在这一阶段建立了自己的网站。这期间以 Web 开发为主的高级程序员、程序员、交互设计师、网页设计师、策划员、美工等将成为抢手的职业。

2. 疯狂推广阶段

这一阶段的主要内容是对网站进行推广,以使得更多的人能够发现自己的网站增加流量是主要的任务。以网站推广为核心业务的 SEO 专家（搜索引擎优化专家）、邮件列表专家等成为热门的职业。在此期间,出现了大量的网络"骗子",他们通过各种欺骗手段来获得虚假的访问量,包括使用木

马程序等。国内的大中城市出现了很多以此为生的企业和个人,并且为此沾沾自喜。

3. 强化核心竞争力阶段

这一阶段的主要内容是增加网站的黏性,把浏览者留住,让他们转化为客户。这期间,网络编辑、论坛主持人、撰稿人、内容研究员、频道策划等职业炙手可热。

在如今的市场经济大环境下,这三个阶段都是并存的。加之,需要新网站源源不断产生,学好电子商务显得尤为重要!

虽然还不能预测电子商务交易模式何时能成为主流模式,但电子商务的市场发展潜力是无穷的。因为一方面,潜在消费者的发展速度惊人。据联合国贸易和发展会议《2002 年电子商务发展报告》称,中国将成为亚太地区电子商务发展的主导力量。据中国互联网信息中心(CNNIC)最新的调查报告显示,截至 2013 年 12 月,中国上网用户已超过 6 亿。他们中的一部分已是电子商务的消费者,而更多的则是这个快速发展市场的潜在消费者。另一方面,电子商务交易额快速增长。据联合国贸易和发展会议的统计,全球电子商务交易总额在 1994 年达到 12 亿美元,2000 年增加到 3 000 亿美元,2006 年达到 12.8 万亿美元,占全球商品销售额的 18%,2011 年全球电子商务交易达到 40.6 万亿美元,绝大部分的国际贸易额以网络贸易形式实现。

2013 年 7 月 23 日尼尔森公布的一份研究报告显示,随着越来越多的消费者在网上购物,而商家在世界范围内寻觅消费者,全球电子商务交易总额将在 5 年内增长近 3 倍,达到 3 070 亿美元。这项研究由 eBay 旗下在线支付业务 PayPal 委托尼尔森实施。结果显示,中国、澳大利亚、巴西、德国、美国和英国等国的跨境互联网电子商务规模在 2018 年将增至 3 070 亿美元,远远超过今年的 1 050 亿美元。销售额最高的商品类别将包括服装、鞋类、饰品、健康美容产品和个人电子产品等。作为全球最大的在线拍卖市场,eBay 一直在积极寻求海外市场扩张,试图通过增加在新兴市场的员工数量,在展现出巨大增长潜力的国家开拓电子商务业务。2013 年,eBay 大约 1/4 的拍卖业务营收,以及超过半数的 PayPal 营收,均来自于国际业务。PayPal 总裁大卫·马库斯（David Marcus）表示，该公司正投入更多的时间，推动与中国之间的跨境电子商务。马库斯在接受采访时表示，"中国拥有 4 000 万家小企业，但目前只有 500 万家通过网络向国外输出商品。所以，我们在中国市场拥有着巨大的发展潜力"。尼尔森在最新报告中称，中国消费者已成为美国一些商品的最大买家，其中 84% 的人目前从美国网站购买商品。尼尔森在报告中预计，到 2018 年，将有价值 1 060 亿美元的跨境交易通过移动设备完成，远远高于 2013 年 364 亿美元。

当今世界，除电子商务市场以外，其他任何市场都难有如此高的增长率，因此，其市场前景极为可观。

"要么电子商务，要么无商可务"。比尔·盖茨的一句名言今天已然成为现实。电子商务改变了企业。企业因为电子商务的介入而改变了组织结构和运作方式，提高了生产效率，降低了生产成本，最终提升了集约化管理程度，从而得以实现高效经营。电子商务也改变了世界。电子商务已经成为全球一体化生产和组织方式的重要工具，在掌握资源配置主动权、提升国家竞争力过程中日益发挥着重要的作用。我国在《国民经济和社会发展"十二五"规划纲要》中明确提出，要积极发展电子商务、加快发展电子商务。这将有利于优化调整我国经济在全球产业中的定位和布局，有利于加快进一步融合全球化的步伐，提升国际竞争力。在电子商务引发的变革风潮中，电子商务已经成为后工业时代经济增长的强大推动力。

随着电子商务的蓬勃发展，我国对既懂计算机又懂商务的复合型人才产生了巨大的需求。国内电子商务的飞速发展，越来越多的外贸企业开始利用电子商务平台拓展海外市场。但是电子商务人才远远无法满足企业日益增长的电子商务外贸人才的需求。不少企业在投入资金开展电子商务的同时，却发现外贸人员自身对电子商务平台的操作能力欠缺，不能有效发挥该平台的作用，这在很大程度上阻碍了企业发展的脚步。据有关数据显示，未来 5 年，在中国 3 000 多万家企业中，将有半数企业在经营中尝试或运用电子商务工具，国内对电子商务人才的需求量将达到 300 万以上。但是，国内电子商务专业人才的培养却并未跟上。国内著名分析机构艾瑞咨询调查显示,未来 10 年我国电子商务人才缺口达 200 多万,而国内每年电子商务专业的毕业生仅 8 万,远远不能满足市场需求。电子商务人才的普遍匮乏已成为阻碍企业电子商务应用和发展的重要因素。

二、我国电子商务发展趋势

1. 未来几年我国电子商务仍将高速发展

到 2015 年,我国网民总数有可能达到 7 亿,网上消费者也将达到 5 亿,将形成全球最大规模的电子商务服务体系和最具竞争力的电子商务基础服务企业,电子商务应用规模将位列世界第一,电子商务发展环境将进一步优化。

根据中国电子商务研究中心对企业界的 100 位 CEO 进行问卷调查,发布的《2010 中国电子商务 100 位 CEO 调查报告》中显示,有近九成的 CEO 认为未来几年中国电子商务将高速发展。随着我国宏观经济的回暖及外贸的逐步复苏,众多中小企业利用电子商务意识的提高,传统企业进军网络市场以增加渠道销售,加上国家和地方各政府部门对电子商务政策扶持力度的加强,不断规范整顿市场,市场交易规模和企业营业收入将不断增加。

2. 行业的细分和专业化成为发展趋势

由于市场规模和完全竞争两大因素,电子商务应用中的个性化特征日益突出,专业化水平与市场规模成正比。小规模市场中因为规模不经济导致可能出现不成交交易,基于零碎数量的市场会导致大量个性化产品和服务涌现,一方面极大地提高专业化分工水平,促进商务模式创新;另一方面更充分地满足不断增长的个性化需求。同时,近乎完全竞争的网络市场迫使越来越多的企业和个人摆脱同质化产品和服务的价格竞争,采用产品、服务、客户或商务模式的差异化战略,也加剧了电子商务应用的个性化。

已经有越来越多的电子商务网站开始走细分道路。电器、服装以及母婴等领域有望成为细分领域中的佼佼者。服装类电子商务 B2C 网站有望成为增长最快的电子商务细分市场之一,这一细分市场的代表厂商是凡客诚品。而母婴电子商务 B2C 网上销售市场是相对更为细分的市场,其中以红孩子的领先优势最为明显,其次如亲亲宝贝、丽家宝贝、乐友商城等。

3. 电子商务服务业快速发展,成为战略性新兴产业

电子商务活动中为电子商务提供建站、营销推广、流量转化、支付、物流服务及售后服务等均是为电子商务交易服务的流程,包含了很多专业人士大量的服务行为,这些流程衍生的行业均可称之为电子商务服务业,是电子商务顺利完成的基础行业。电子商务服务业是以电子商务平台为核心,以支撑服务为基础,整合多种衍生服务的生态体系。

2003 年以来中国电子商务服务业快速成长,涌现出众多面向企业特别是中小企业的综合性电子商务服务网站,例如阿里巴巴、慧聪网等,超过 2 000 家的行业性电子商务服务网站,例如中国化工网、中国化纤信息网等,面向个人的电子商务服务网站,例如淘宝网、eBay 等,以及提供支付、认证、信用和现代物流信息服务的电子商务服务网站,例如支付宝、中国金融认证中心等。

中国正处于电子商务服务业的形成期。未来 20 年,电子商务服务业将成为中国服务贸易中新的经济增长点。作为信息经济的基础设施,电子商务服务业将成为提升国际竞争力,引导经济发展的国家战略性新兴产业。

4. 电子商务作用更加突出,与经济社会和传统产业进一步融合,电子商务的生态特征和生态关系更加突出

随着越来越多的企业在采购、销售、营销、财务和人力资源管理等环节广泛应用电子商务,电子商务将向企业内部的深层次延伸,与企业内部价值链深度整合。电子商务与传统产业的融合将进一步深化。电子商务将广泛深入地渗透到生产、流通和消费等各个领域,改变企业的经营管理模式和生产组织形态,提升传统产业的资源配置效率、运营管理水平和整体创新能力。电子商务也将与搜索引擎、虚拟社区、网络游戏和移动通信等进一步融合。电子商务的生态特征和生态关系也将更加突出,并进一步凸显电子商务的经济社会影响。

5. 与电子商务相关的技术创新和商业模式创新步伐将进一步加快

新兴技术的广泛渗透与消费结构加速升级相结合,云计算、物联网等新

兴技术将极大地推动电子商务技术创新和商业模式创新。

作为未来电子商务服务业基础的云计算,将为电子商务服务商提供强大的技术支持,解决计算能力、存储空间和带宽资源等瓶颈问题,帮助电子商务服务商提升面对大规模用户的服务能力,对于摆脱西方巨头垄断、支持信息经济、现代服务业和小企业发展的意义重大。电子商务服务商有望借助云计算帮助中小企业实现按需计算和按需服务,进一步降低中小企业应用电子商务服务的门槛。

物联网将有助于提升电子商务活动中信息获取、储存、处理和传递的效率及智能化水平,将在信息、支付和物流等领域给电子商务带来前所未有的变化,进一步推动电子商务应用创新和服务模式创新。

6. 移动电子商务将加速向普及化方向发展

2009 年我国政府正式颁发 3G 牌照,是中国移动电子商务发展的标志性事件。在各级政府、电信运营商和互联网服务商的推进下,3G 应用将不断扩展,手机上网将进一步普及,用户将可以通过手机、上网本和 PDA 等移动终端实现随时随地购物,由电视、互联网和手机构成立体化电子商务。随着移动通信技术的突破以及政策环境的优化,基于它的方便和快捷等巨大优势,移动电子商务正在广泛地应用到社会的各个领域,个人用户可以利用手机通过信息、邮件、手机网站等方式获取各类信息,这些信息都将促进用户开展电子商务交流活动。

"十二五"期间,电子商务发展的主要任务是推动电子商务应用的普及和深化,包括推动大型工业、商贸物流、旅游服务等传统企业深化电子商务应用,提高网络采购和网络销售发展水平,促进移动电子商务等创新型电子商务发展等。

三、我国电子商务专业发展回顾

新的商业模式的出现,必然催生出新的职业和就业岗位,新的职业需要新的职业技能和知识体系,电子商务专业应运而生。

为了加快培养高层次电子商务专业人才,教育部于 2001 年正式批准在高校设立电子商务本科专业。同年全国有 13 所大学首次获批成立电子商务专业,迄今设立该专业的高校已经超过 339 所。这些高校既有研究型大学,也有地方高校和独立学院。办学层次参差不齐,学科特点很不相同,行业和地方需求也各不相同。因此,如何根据电子商务发展的特点,紧密结合高等教育实际,制定指导性专业规范,培养高质量的、符合社会需求的电子商务专业化人才就成为一项重要而紧迫的任务。

《普通高等学校电子商务本科专业知识体系(试行)》是教育部高等学校电子商务专业教学指导委员会按照教育部"高等学校本科教学质量与教学改革工程"的要求,在经过大量调研和前期工作的基础上,组织编制并通过了专家的评审。知识体系是专业人才培养的核心内容,也是专业教学计划和课程体系的基础。相信该知识体系的实施能够对各高校电子商务专业的规范化建设起到积极作用,同时也对复合交叉型学科的知识体系研究和专业建设起到示范作用。

我国电子商务专业教育可以追溯到 1998 年,几乎与美国卡耐基·梅隆大学开办电子商务专业同期开始。其发展历程经历了尝试期、规范期和蓬勃发展期三个阶段。

1. 尝试期

我国早期的电子商务专业教育伴随着一批电子商务专业学者的不断研究,通过在各校以公共选修、专业选修课的形式开设相关课程,也有少数学校在本科高年级开设电子商务方向或电子商务班(以至开设电子商务研究生方向)等。即有几家高校从相关专业的三年级或四年级学生中转出一批学生进入电子商务专业方向学习,即所谓的"2+2"(西安交通大学从 1998 级经济管理类本科生中选拔培养电子商务方向本科生"2+2")和"3+1"(汕头大学在第 4 年级培养电子商务方向本科生"3+1")培养模式。华侨大学在 1999 年开始招收电子商务专科生。

2. 规范期

为适应市场需求,使电子商务专业人才的培养规范化、规模化,我国教育部高教司于 2000 年底和 2001 年初分两批批准了南京审计学院、华中师范大学、东北大学秦皇岛分校、云南大学、厦门大学、对外经济贸易大学、北京邮电大学、北京交通大学、华侨大学、广西大学、西安交通大学、南京理工大学、浙江大学等 13 所普通高等学校试办电子商务本科专业。

3. 发展期

教育部高教司从 2002 年开始又批准了第三批、第四批等开设电子商务本科专业的院校,包括石油大学、中国农业大学、北京外国语大学、中央财经大学等 83 所院校;第四批又新增了北京联合大学、北京信息工程学院、北京师范大学、北京物资学院、天津商学院等 58 所院校。截至 2010 年,教育部共批准 339 所本科学校和 800 多所专科学校开设电子商务本科专业。

在大力发展电子商务本科专业的同时,我国也开展了电子商务专业研究生阶段的培养过程。2003 年教育部允许有条件的高等学校招收电子商务方向的硕士和博士研究生,这也标志着电子商务教育在国内已经进入了高质量的发展阶段。一些国家"211 工程"建设的学校中在经济、管理或计算机学科下招收商务方向的硕士(以及 MBA 的电子商务方向)和博士研究生。如西安交通大学等已于 2003 年春开始,在教育部许可的前提下自主在应用经济学和管理科学与工程两个一级学科下分别设置了电子商务硕士和博士二级专业学科。到 2010 年不完全统计在管理学、经济学、工学、法学等大类下自主开设电子商务专业研究生硕士和博士培养点的单位在几十到一百左右。

4. 成熟期

2011 年教育部公布了新的学科专业目录,电子商务为 110209(属于管理学类工商管理一级学科下的二级学科);根据 2012 年 9 月 14 日教育部印发的《普通高等学校本科专业目录(2012 年)》,2013 年电子商务专业上升为一级学科,以电子商务类电子商务 120801 开始招生,可授予管理学或经济学或工学学士学位;招收的电子商务的硕士研究生与博士研究生多属于管理科学与工程类,也有部分院校为应用经济学类,例如华侨大学招收的电子商务研究方向为信息经济学。

表 2-1　电子商务教学的十年变化

序号	内容	2001 年	2011 年
1	电子商务交易规模	百万计	千亿计
2	电子商务示范企业	无	500 个以上
3	成熟电子商务企业案例	10 个以内	300 个以上
4	设立电子商务专业高校	13	339
5	电子商务专业教师状况	转行过来	专业化、年轻化
6	电子商务课程数量	10 门左右	20 门以上
7	电子商务实验模块	5 个以内	40 个以上

资料来源：陈德人 . 电子商务发展新趋势与学科建设新方向 . 2012, 8

第二节　电子商务专业教育国内外比较

　　电子商务是指交易者之间依托计算机网络，按照一定的规则或标准进行的各种商务活动。随着网络技术的发展，电子商务必将成为 21 世纪最有前景的商务模式，成为当今信息社会新的经济形态的重要基础。

　　随着电子商务在全世界范围内的迅速发展，电子商务专业教育也顺应市场需求如火如荼地在各大高校开展起来。但由于电子商务专业是一门新兴学科，是一门将计算机科学、信息科学、经济科学、管理科学等多门学科融合为一体的综合性边缘学科，所以有关电子商务专业教育及其学科建设在学术界仍存在很多不同的认识。国内外电子商务专业教育都处于探索研究阶段，对于学科建设及课程体系设置都没有绝对定论。但相对而言，国外的电子商务发展较早，较成熟，在理论教学上已形成了一定的规模和体系。而国内的电子商务专业教育还处于迅速发展之中。本节将对国内外电子商务专业教育及其学科建设进行比较，并对电子商务专业教育提出相关建议。

一、国外电子商务专业教育综述

1. 国外电子商务专业教育的发展

国外的电子商务专业教育起步较早。20 世纪 90 年代中期,欧美各国的高校开始密切关注电子商务的研究与教学,在电子商务专业教育领域进行不断的探索。美国、加拿大、德国、法国的一些大学纷纷在 1998 年、1999 年设立电子商务专业课程或研究方向,以市场需求为导向,着手培养电子商务从业人员。在美国,各大著名高等院校都设立了 EB 研究专题,联合计算机和管理类的师资力量共同主办电子商务课程。早在 1994 年, Vanderbilt 大学就设立了电子商务研究项目,成立了电子商务实验室。1998 年,美国卡耐基－梅隆大学由工业管理研究院和计算机学院联合创建了电子商务学院,他们坚持电子商务专业对经济管理类课程和计算机技术课程并重的态度,力图使毕业生能成为未来企业中电子商务应用方面合格的经理、规划者、分析家和编程人员,并在 1999 年 3 月宣布设立世界上第一个电子商务硕士学位,电子商务专业的高等教育由此拉开了帷幕。该校电子商务专业主任 Michael Shamos 教授说:"如果要经营网上商务,就需要了解许多商务知识;同时还需要懂得许多技术方面的知识。否则,你可能需要雇用太多的技术人员,你自己无法制定明智的采购计划,对建立网络一无所知,为别人所左右。"其专业教学内容涵盖了各种商务模式(如 B2B、B2C、C2C),具体涉及电子化市场研究(electronic marketing research)、电子目录(electronic catalogs)、网站管理(website management)、自动化撮合(automated negotiation)、电子商务安全支付(secure electronic payments)、分布式交易处理(distributed transaction processing)、定单执行(order fulfillment)、客户满意度(customer satisfaction)、数据挖掘与分析(data mining and analysis)。一方面电子商务的实施需要与技术紧密结合,因此需要涉及网络、分布式数据库、计算机安全技术、多媒体技术、Web 设备、人机接口设计;另一方面成功地引入电子商务不仅需要了解其成本和效益,而且需要懂得商业重组、适应管理(集成传统系统与 Internet 前端)、供应链结构、电子化商业中的会计与审计、仲裁职能、作为交换媒体的资金性质、快速商业反应、电子商务法律、政策及规则。Michael Shamos 教授认为："电子商务硕士学位应比哈佛的 MBA 更有价值，原因在于既懂技术又有电子商务知识的人员匮乏"。MIT 设立了 SLOAN 学院，专门从事电子商务的教学、研究和应用开发工作，设置了较为完整的电子商务课程体系。在英国，电子商务教育发展很快。通过对全英高校的数据库的分析与研究，2001 年英国共有 29 所大专院校设置了 96 个电子商务类专科专业，19 所院校开设了 69 个电子商务类本科专业，另有 29 所院校招收电子商务专业研究生。这种专业设置快速增加的趋势一直在发展。在 2002 年的院校招生目录中，电子商务类专科专业数增至 137 个，而电子商务类本科专业也达 78 个。英国各校在专业设置中都注重了突出自己的传统优势。如英国 Bradford 大学的密码学研究一直处于全英前沿，故该校的电子商务专业就突出了这个特点。又如 Cheltenhan Gloucester College of Higher Education 的管理类学科颇具特色，该校就设置了 40 个不同方向的电子商务专业。而利物浦大学则分别在管理学院和工业工程学院开设了两种方向不同的电子商务专业。尽管不少院校在不同的院系开设了方向不同的电子商务专业，但在校内部都有一个课程协调员，或者有一个研究中心，为多种方向的教学和科研人员提供了一个合作与交流的平台。而在澳大利亚的 39 所大学中，31 所提供电子商务学士学位，5 所设置了硕士学位课程，只有 3 所大学没有提供任何电子商务课程。其中中央昆士兰大学的电子商务本科、硕士课程在全澳处于领先地位。

2. 有关学科建设的争论

在国外的电子商务专业教育中，不同院校对电子商务专业的课程设置都有所差异，对学科建设也存在许多争议和讨论，其中主要集中在商务和技术的侧重，专业和方向，学科融合以及教学手段等方面。由于电子商务是一门交叉性、综合性的学科，而且对于电子商务一直以来都没有一个统一的定义。早期电子商务被认为是一种进行商务活动的新手段、新方法，是新经济的基础，是对内部组织行为作用的重大变革。随着网络公司的迅速崛起、发展、繁荣到全线崩溃，人们从众多失败的案例中意识到 dot-com 公司的 CEO 掌握着先进的技术,却采取了错误的商业模式,因此电子商务在内容和侧重点上发生了改变,电子商务专业教育也开始将商务因素放在了极其重要的位置上。但电子商务毕竟是通过高新信息技术、网络技术来进行商务活动,对信息技术的侧重也是不可忽视的。因此,在电子商务的课程设置中,有关商务和技术的平衡成为学术界争论的焦点。在美国 Boise State 大学,电子商务本科课程经历了一个从较少的技术因素到极力强调技术课程,再回归到一个技术因素与商务因素相对平衡状态的发展过程。在 Subhash 和 Marcelline 研究的全美授予电子商务硕士的 843 个专业课程中,270 个课程是纯商务,167 个是纯技术。剩下 406 个课程融合了商务和技术两方面的因素,其中 292 个侧重非技术(即 non-technical e-commerce),114 个侧重技术(即 technical e-commerce)。但令人吃惊的是,很少有课程要求有实验课,相关的实验操作往往在实习中有所要求。而且,从所有技术及非技术电子商务课程的增长情况来看,尽管非技术电子商务与技术性电子商务的比率保持不变,但非技术性课程的增长明显高于技术性课程。第二个争议中心是有关是否设立独立的电子商务专业还是在其他专业下设立电子商务方向的问题。支持设立独立专业的观点认为将电子商务融合到功能性的课程领域中会比较缓慢,而且网络对现代商业活动带来的冲击是巨大的,具有变革性的,所以教育界应当有一个相应的专业培养急需的人才。例如美国著名的西北大学、纽约大学等都设立了独立的电子商务专业。但持有相反观点的人则认为设立一个独立的专业是浪费金钱和一种一时的狂热,一些专家认为电子商务的内容也许在学生完成专业学习之前就会很快过时,而且将电子商务融合到已有的商务课程中会促使学生研究有关电子商务的社会学、心理学和伦理学的方面。最后,是在教学手段上的争论。正因为电子商务与现实的商业活动密切相关,所以电子商务教育不应该是静止的、死板的,而应该是动态的,灵活的。一成不变的教学内容,固定的教学手段是不可取的。因此,对于教学一种较有效的方式是:侧重关于电子商务策略(e-commerce strategy)的逻辑和思考的过程。关于在纷杂环境中的商业操作,注重过程也许比教学内容更有用。而且,电子商务的本质要求对课程内容、程序要进行不断的改变,所以侧重解决问题的能力是十分重要的。这对于教师的专业知识更新也提出了很高的要求。然而在一些调查中,发现商业教育工作者并没有将电子商务主题有效融合,渗透到当前的学科建设中,对学生进入公司进行电子商务操作没有做好准备,而且缺乏知识更新和具体的商业操作。

二、国内电子商务专业教育综述

1. 国内电子商务专业教育的发展

国内的电子商务专业教育相对国外起步稍晚,但发展十分迅速。1998年清华大学 MBA 在国内首先开设电子商务方面的课程,并在 2000 年开设了电子商务专业方向,同年利用英特尔公司 20 万美元的资助资金建立了我国第一个电子商务实验室。1999 年,国家基金委在国家自然科学基金和社会科学基金的项目申请指南中把电子商务作为鼓励申报的重要项目内容之一。从此,全国各大院校纷纷设立电子商务教学和科研实体,积极从事相关的专业教育及学科建设工作。我国的电子商务专科教育早于本科及研究生教育。1999 年,教育部联合联想集团共同推出了电子商务自修考试的大学专科学生培养计划。2000 年,教育部开始在全国一些高等院校开设试点电子商务本科专业,国家教育部高教司于 2000 年底和 2001 年初分两批批准了南京审计学院、华中师范大学、东北大学秦皇岛分校、云南大学、厦门大学、对外经济贸易大学、北京邮电大学、北京交通大学、华侨大学、广西大学、西安交通大学、南京理工大学、浙江大学等 13 所普通高等学校试办电子商务本科专业。2001 年 6 月,教育部高教司在南京审计学院召开了全国首次电子商务本科专业建设专题研讨会,讨论了电子商务本科专业建设的思路以及国内外电子商务教育发展动向,明确了电子商务专业的培养目标、专业要求、学制与学位、核心课程及实践性要求等。继南京会议后,设有电子商务本科专业的高校由 2001 年的 13 所迅速增长并不断壮大,许多高校设立了电子商务研究所、实验室,开设了电子商务专业课。北京电子商务发展报告(2002)指出:加强宣传教育,普及电子商务常识,提高全民族电子商务意识,让更多的人了解商务电子化和电子商务普及化是发展电子商务的前提和基础,这是未来一项非常重要的工作。2002 年 4 月,教育部高教司在西安交大召开了首届"全国高校电子商务专业建设联席会议",121 所高校及 6 家出版社在大会上就电子商务教育的教学内容和办学模式、专业教材建设、实验室建设、电子商务教学的相关设备等方面进行了广泛的研讨与交流。2002 年 12 月,全国高校电子商务专业建设协作组常务理事单位会议在深圳召开,19 个常务理事单位代表到会。2003 年 8 月中国电子商务协会专门成立了中国电子商务协会高等院校工作委员会,专门负责协会在高等教育领域电子商务方面的相关工作。2003 年 10 月全国高校电子商务专业建设联席会议在浙江大学召开,会议分析电子商务发展和电子商务专业教学建设形势,讨论了电子商务学科发展、课程教学体系、电子商务核心课程的教学内容与教学大纲、实验室建设与实践性课程的教学、专业评估等问题。2004 年 3 月,全国高校电子商务专业协调组实验室建设小组在北京和秦皇岛进行了实验室参观和考察工作,对北方交通大学、北京邮电大学、东北大学秦皇岛分校电子商务实验室进行了考察,并就电子商务实验室建设规划形成建议。国务院国办发[2005]2 号《关于加快电子商务发展的若干意见》指出:发展电子商务是以信息化带动工业化,转变经济增长方式,提高国民经济运行质量和效率,走新型工业化道路的重大举措,对实现全面建设小康社会的宏伟目标具有十分重要的意义。2006 年 4 月,教育部正式成立高等学校电子商务专业教学指导委员会。2008 年,全国已有 327 所高校开设电子商务本科专业,其中一些高校开设了硕士生和博士生的电子商务研究方向。我国的电子商务专业教育已逐步形成规模并处于迅速发展状态中。我国高校的电子商务专业教育迅速崛起,实现了从单一、从属的课程教育向系统、独立的专业教育的飞跃,电子商务专业成为 21 世纪初最新、最具发展潜力的新兴专业。

2. 有关学科建设的争论

在我国的电子商务专业教育上,也存在着不少争论,主要集中在电子商务学科建设应该以经济管理为主还是以信息技术为主,即所谓的大商务,小技术还是大技术,小商务。目前,许多高校在电子商务知识框架上有着自己不同的定位,于是出现以下的分流:设立在经济学院、管理学院下的电子商务专业,设立在计算机与信息工程学院下的电子商务专业,从而形成了管理型和技术型两种办学模式的对峙格局。但是电子商务是跨经管理工的交叉性学科,所以具体的课程设置要涉及多种学科的内容,学校可根据具体的专业和培养目标进行模块式教学,以保证具有一定的伸缩性。例如:华南理工大学设立的"3+2"方式的双专业电子商务联合班,是另一种特色的教学模式。其特点是:面向全校三年级本科生,从中选拔一定数量的学生进入"3+2"电子商务联合班,通过考试选出品学兼优的学生进入后两年的电子商务专业学习。有的大学参照了国外著名大学的课程体系,采取核心课、基础课和专业课的分类,同时也注意结合自身的传统专业优势。其次,师资匮乏也是电子商务专业教育及学科建设中一个急需解决的问题。教师在教学中承担极其重要的作用。电子商务自身的特点要求教师迅速适应环境,接受新事物、新思想,更新观念。但现实是目前具备电子商务专业知识,拥有丰富电子商务操作经验的教师十分短缺。而且,专业教师对电子商务的理解也各不相同,因为目前的师资队伍多是其他专业的教师,缺乏电子商务专业知识的培训。他们按照自身的理解讲授课程内容,所以内容也各有侧重,提供给学生的参考书也不尽相同,这对于电子商务要求掌握多种学科知识的复合型人才是不利的。目前,解决这一矛盾的做法有:将与电子商务相关学科的优秀教师集中组成电子商务专业师资队伍,进行系统的专业知识培训,使其将电子商务知识融入到自己所教的专业中。其次,在信息技术、贸易、管理等与电子商务关系密切的学科的研究生教育中,加大电子商务方向的研究,并尽快开展电子商务专业的研究生培养。最后,开设电子商务师资培训班,以适应教育发展的要求。上海经贸电子商务培训中心就是很好的例子。除此之外,鼓励电子商务专业教师加强自身的知识更新,随时捕捉新思想、新理念,进行电子商务实践操作。最后,在我国电子商务教育中,教材的不成体系与电子商务的急速发展成为一个显著的矛盾。目前的电子商务教材要么侧重信息技术,要么侧重商业理论,缺乏知识的有效融合,没有理论联系实际。而且,电子商务与现实的商业活动联系密切,涉及的范围很广,所以仅靠一本教材来进行一门课程的讲授是不科学的,也难以涵盖所有的方面。因此,教师应提供更广泛的阅读材料,使学生涉猎更丰富的知识。教材不能一成不变,一版再版,而应紧跟商业活动的动态变化、及时更新。

三、国内外电子商务专业教育比较

1. 国内外电子商务专业教育共同点

(1)高校对于电子商务专业教育及学科建设都高度重视,很多都成立了相应的科研和教学实体,积极进行专业课程设置、师资队伍建设、专业整合以及教材编写的工作。

(2)在电子商务课程设置上都存在商务与技术侧重不同的问题。在国外是商务与技术之争,在国内是大商务,小技术或大技术,小商务的讨论。这也正是因为课程体系建设都处于发展阶段,课程设置和教学内容都在不断的摸索之中,要在教学和科研实践中逐步完善。

(3)在资源配置方面,都采取了交叉整合的策略。这也是由电子商务多学科性的特点决定的。国内外的大多数高校都采用了计算机、信息技术、经济、管理与商务等学科的相互融合。

(4)在师资方面,国内外的高校都面临着缺乏具备专业知识又有丰富实践经验的优秀教师的困境。而且,现有的教师在电子商务的理解上也各有差异,知识更新不足,也缺乏足够的实践操作。目前,即使在电子商务发展成熟的美国,此类人才的市场供求比例也不均衡。师资的匮乏对电子商务专业教育的发展将是一个不小的打击。

2. 国内外电子商务专业教育差异点

(1)国外的电子商务专业教育始于研究生教育再到本科教育,发展轨迹走的是由高层次素质型先导向低层次技能型延展的道路;而国内的电子商务专业的大规模建设始于专科,然后是本科,现在在硕士和博士层次都设有方向,其发展轨迹走的是由低层次技能型先导向高层次素质型延展的道路。

（2）国外的电子商务专业教育是先研究、讨论再确立专业的发展方向及学科建设；国外的高校先建立了电子商务研究所，再就矛盾集中的问题进行讨论，最后在相应的学院（系）成立独立专业或相关专业的电子商务方向。而国内是先设立电子商务专业，再进行学科研究。国内的大多高校在设立研究机构和教学上几乎是同时进行，在教学中发现问题，再进行研究解决问题，而且国内的电子商务多是独立专业，授予理工科或管理学学位。

（3）在与企业的交流联系上，国外的高校坚持学科建设与真实的商业活动相联系，保持动态发展，随时进行教学内容的更新；虽然很少提供实验课，但他们将实践环节放到了实习过程中，让学生在真实的企业环境中进行操作。国内的高校也与企业有联系，但交流不够。所以国内的高校多是提供实验课，让学生在商业模拟平台上进行操作，以便了解和掌握商业应用需求和商业逻辑在信息技术环境下的工作原理。

案例：美中两国电子商务专业比较

美国的电子商务教育发展较早。在 1998 年，美国著名的卡耐基·梅隆大学就由工业管理研究院和计算机学院联合创建了电子商务学院，1999 年宣布设立了世界上第一个电子商务专业硕士学位。该校电子商务专业主任 Michael Shamos 教授说："如果要经营网上商务，就需要了解许多商务知识；同时还需要懂得许多技术方面的知识。否则，你可能需要雇用太多的技术人员，你自己则无法制定明智的采购计划，对建立网络一无所知，为别人所左右。电子商务硕士学位应比哈佛的 MBA 更有价值，原因在于既懂技术又有电子商务知识的人员匮乏"。

目前典型的提供深入电子商务教育的学校有：哈佛大学、麻省理工大学、斯坦福大学、纽约大学、加州大学、西北大学、卡耐基·梅隆大学、范德比尔特大学和华盛顿州立大学等。但美国大学一般不开设电子商务专业，电子商务多是作为独立的课程，或者选择在有关课程中根据需要添加相应内容以达到传授电子商务知识的目的。比如，西北大学、麻省理工大学、纽约大学都设有独立的电子商务主修课程，加州大学伯克利分校则是将电子商务的内容整合到其他课程中。

美中两国电子商务专业人才培养模式比较：

一、培养层次的比较

根据 Harlan 等人 2001 年对 AACSB(The Association to Advance Collegiate Schools of Business)附属的 77 个商学院的调查分析,美国大学提供 4 种不同层次的电子商务课程安排,分别是理学硕士、理学学士、电子商务非学历认证教育、电子商务方向的工商管理硕士。从其搜集的教学计划样本来看,MBA 阶段的样本数量占到了 40%,其次是理学硕士阶段,两者的数量占到了总体样本的 70%;在课程设置上,非技术类课程和技术类课程的比例大概为 2:1。

由此可见,在教学层次上,美国的电子商务教育采取学历教育与非学历教育相结合的方式,主要集中在研究生阶段,并以 MBA 教育为重点。

中国的电子商务教育主要集中在本科层次,因为国内教育界普遍认为电子商务专业的宽口径特点必须要建设在宽泛和大量的理论基础之上,因此选择在时间比较充裕的本科 4 年,有助于学生搭建扎实的理论知识框架。

二、专业设置的比较

电子商务是由多门基础学科交叉形成的新型学科,涉及计算机技术、管理学、经济学、法学等学科门类。在专业设置方向上,国内外高校一般都有着不同的侧重。

从奥斯汀的得克萨斯大学电子商务研究所查到的开设电子商务本科专业情况看:美国的计算机学院和商学院开设电子商务专业的占绝大多数,尤其是在著名大学的商学院,普遍开展电子商务教育。另外,有很多小专业一般会开设电子商务课程或辅修电子商务专业,例如市场营销类、信息管理类等。

我国的电子商务专业大多是依托学校的传统优势和教学资源而开设的,其培养方向和院系的专业特点有明显的关联性。例如有计算机背景的院系,其培养计划中则含有大量的计算机类课程,重点培养的是直接从事电子商务平台和电子商务应用软件的规划、开发和维护的专业技术人员,授予的是工学学位。有经管背景的院系,其培养计划中含有大量的经管类课程,重点培养的是能够从事电子商务管理的人员,授予的是经济学学位或管理学学位,由此形成了电子商务两个不同的培养方向:偏技术和偏经管。从科类结构看,两个国家对电子商务所属的科类基本认同,都是在经济类、管理类和计算机技术类院系开设电子商务专业或相关课程。

三、课程设置的比较

1. 在课程设置上,美国各大高校各具特点。

(1)卡耐基·梅隆大学的电子商务专业对经济管理和技术课程采取并重的态度,力图使毕业生能成为未来企业中电子商务应用方面合格的经理人、规划人、分析家和编程人员。其专业教学内容涵盖了各种商务模式,具体涉及电子化市场研究、电子目录、网站管理、自动化撮合、电子商务安全支付、分布式交易处理、定单执行、客户满意度、数据挖掘与分析。一方面电子商务的实施需要与技术紧密结合,因此需要涉及网络、分布式数据库、计算机安全技术、多媒体技术、Web 设备、人机接口设计;另一方面成功地引入电子商务不仅需要了解其成本和效益,而且需要懂得商业重组、适应管理(集成传统系统与 Internet 前端)、供应链结构、电子化商业中的会计与审计、仲裁职能、作为交换媒体的资金性质、快速商业反应、电子商务法律、政策及规则。

(2)华盛顿州立大学电子商务专业培养目标是"开发、使用和管理信息技术、数字网络来帮助组织在 Internet 上从事商业活动。"课程设置中技术类核心课程包括:网络商务编程、数据库管理、通信、电子商务概论;商务类核心课程包括:消费者行为与电子商务、传统与电子环境中的营销、数字企业的财务管理、网络法律。专业选修课(任选两门):网络营销、网络伦理、电子商务中的服务业、电子商务的企业家精神、国际电子商务、数字时代的供应链管理、不断出现的技术、信息系统项目团队管理、系统分析与设计。整个课程设置以商务为主,强调基础知识,重视学生各方面的基础训练;技术类课程旨在帮助学生理解其在商务中的作用与地位;课程设置中的专业选修课则充分体现了商务与技术的融合,表现了电子商务专业的学科交叉性的特点。除此之外,华盛顿州立大学开设的电子商务课程中与人有关的课程至少有两门:消费者行为、沟通研究或人的发展。这样有利于学生掌握有关消费行为方面的知识,能够在将来的工作中了解客户。

2. 我国学者马刚等的调查发现,国内高校电子商务人才培养形成了经济、技术、管理三种取向,开设的核心理论课程分别如下:

(1)经济取向:电子商务概论、管理学、政治经济学、会计学、微观经济学、宏观经济学、计量经济学、国际贸易学、电子商务物流管理、电子商务安全、网络营销、网络经济学、电子商务系统建设与管理,数据库技术、电子商务网站建设、电子商务法。

(2)技术取向:高级程序设计语言、电子商务概论、电子商务系统开发技术、管理学概论、经济学基础、离散数学、数据结构、数据库引论、操作系统、计算机网络、信息与网络安全、网站设计与建设、网络营销、中间件技术、电子商务物流、网络支付与结算、多媒体技术、运筹学引论、电子商务法律、管理信息系统、数据挖掘与数据仓库。

(3)管理取向:电子商务概论、管理学、微观经济学、宏观经济学、计算机网络、电子商务法律、电子商务技术、电子商务物流管理(物流与供应链管理)、管理信息系统、网络营销、数据库系统及应用、网站设计与开发、电子商务安全、电子商务系统分析与设计、网上支付与网上金融、网络经济学、企业电子商务管理。

三种取向的理论课程设置都体现了电子商务学科的交叉特点,课程覆盖了经济学、管理学、信息和计算机科学及法学等学科。但是课程设置的随意性很大,其层次、作用、地位缺乏内在逻辑性。许多院校仅将现有的有关技术和商务方面的课程简单地堆砌在一起,缺乏系统的有机融合。另外,课程设置中关于能够反映信息社会和电子商务最新发展的前沿类课程较少,反映出对学生创新与创业能力培养的侧重不够。

纵观三种取向的理论课程设置,可看出其培养方向模糊。虽然界定了取向,但很多院校的课程设置并不能清晰地确定其培养的电子商务人才将来的就业目标。显然,培养适合各个行业的通才,并不适合中国企业目前对电子商务人才的专业和实用需求。应该在课程设置中多增设一些与特定行业密切相关的课程。当然,有条件的院校可以设置多个就业方向,这些就业方向最好能够与已经确定的取向吻合,这样有利于课程的设置。

三种取向的实验课程设置多局限于针对特定课程的验证型和认知型实验,很少设置针对跨专业乃至跨学科的能够培养学生创新与创业能力的综合型实验。

四、教学模式的比较

美国的电子商务教学形式多样化,重视学生实践能力的培养。比如麻省理工学院开设的电子商务营销课程,设置了项目研究、带薪实习、课余实践等环节;斯坦福大学的网络营销课程要求学生利用所学知识设计因特网服务或产品;哈佛大学积极开展电子商务案例研究。同时美国的高校一般都设有电子商务研究中心,通过校企合作对电子商务领域的定价策略、法律问题、在线消费行为等关键问题进行研究;学生则被要求对企业提供咨询服务。在电子商务人才培养目标上,美国高校坚持以市场导向为主,以基于因特网的技术、产品开发、营销、管理和战略制定为基础,通过开设电子商务课程,结合电子商务研究中心、强调动手操作能力等方式,培养学生利用网络制定新的竞争方式与企业战略的能力。

中国的电子商务教育总体以理论教学为主,实践实习的学分一般只占总体学分的12%左右,对学生实践能力的培养是国内电子商务教育的薄弱环节。高校在制定电子商务培养方案时仍然缺乏对人才市场需求的充分调研,从理论教学到实践教学的渠道不畅通,导致输出的电子商务人才较难适应社会需求。

第三节　我国电子商务专业建设

一、建设原则

1. 前瞻性

电子商务是一种全新的商务形式,其发展并没有固定的模式。基于电子商务的这种特性,电子商务专业建设必须坚持前瞻性的原则。即在专业建设的过程中,要预测未来社会经济发展所带来的人才结构变化,依据预测后的需求对于专业建设思路作超前设计。在具体实践中,电子商务的人才培养需要找准位置,明确方向。这是适应社会要求、培养好人才的关键。不论是哪一层次的教学单位,都必须认真分析当前形势,与人才市场需求接轨。由于人才培养呈现明显的周期性,且周期较长,客观上要求我们在确定专业培养目标和方向时必须针对可预见的将来,使学生能适应科学技术飞速发展的要求。因而电子商务专业的培养目标要不断针对和预测科技前沿动态和国际国内贸易方式和理念的变化,从而准确定位专业的培养目标和方向。

2. 交叉性

电子商务专业既不能归并于计算机应用专业,也不能与传统的市场营销或是经济贸易专业直接融合,而是一个交叉性的专业。这种交叉性既强调计算机和网络通信技术知识,又强调商务管理知识;既强调理论知识,又强调实践技能。从而使得在电子商务专业建设中,专业规划、专业师资、专业课程、专业教学四个方面都必须满足这种要求。

3. 创新性

多年来,关于电子商务怎么发展,什么样的模式才是好的模式,处于不断的争论和尝试之中。电子商务的历史就是各种模式不断尝试、失败、转型和成功的历史。正如马云所说,几乎没有一家成功的互联网企业是按照当初的商业计划书做出来。电子商务本身就不是学习现成的理论,然后再运用。要认识到电子商务是一个新生事物,其模式一直处于探索之中,创新是电子商务发展的动力,是对电子商务人才的基本要求。电子商务专业是一个新兴专业,没有可以借鉴的模式,创新是保持专业能紧跟时代脉搏,培养创新意识人才的关键。电子商务专业的创新可以从人才培养模式、教学内容、教学方法、实训内容和组织上创新。

4. 特色性

电子商务涵盖内容广泛,空而大一直是电子商务专业建设的一个通病,要培养有竞争力的电子商务人才就不能片面追求全面,而应该追求特色。

突出电子商务专业的特色,与其他专业拉开明显差异,增强专业竞争力,减少专业可替代性,即增加电子商务独特的理论和技能型课程,少开或不开设其他专业雷同的课程,鼓励学生在需要的情况下选听其他专业的相关课程,充分利用现有的资源,增强差异性,以便学生在就业市场上有更大的竞争力。在教学过程中提倡互动式交流,突出学生的动手能力和创新能力。同时,鼓励学生积极参与社会有关的实践活动,在接触社会的过程中提升自己的能力,明确专业方向,加强学习的主动性、积极性和创造性。结合医药类院校师资力量的特点,在强调计算机应用开发及商务实践能力的同时,也要强调医药类学校特色,突出医药类电子商务人才优势定位。在这样的结构下培养具有独特电子商务特征的复合型人才,使得学生既有比较扎实的计算机基础和电子商务专业基础,又有比较宽广的知识结构,以便适应社会的多种要求。

5. **实践性**

电子商务是一门操作性和实践性极强的应用性学科,电子商务实训是培养电子商务人才的重头戏,需要配备相应的教学设施。究其原因:一是电子商务的基础手段是计算机技术和网络通讯技术,技术的熟练在于强化训练。二是技术的本质是应用。强调实践操作是电子商务的重要一环。经过这样教育和培训的学生,才是掌握最先进技术的人才,这样给企业创造的效益才会最多。但目前在国际与国内或大范围通用的电子商务软件较少,所以在教学中教师还需在软件选择与开发方面付出更多的努力,以适应电子商务教学的需要,满足学生上网实际操作、提高操作能力的要求。在电子商务实践教学中要求做到:第一,充分利用学校计算机设备先进、功能齐全的优势,让学生多上网;第二,要加强实验实习设施的建设,使学生直接借助计算机网络和相关软件进行实务训练,熟练操作企业业务流程;第三,与相关企业联合,让学生直接进入企业实习,深入企业实践锻炼。

二、专业定位

电子商务专业培养什么样的人才?考虑到电子商务专业背景学科的交

叉融合性和专业知识技能的复合创新性,以及就业市场的广阔多样性和开设本专业的不同高校的类比优势性,对电子商务本科专业应该采取一个专业多个方向的方式来满足不同类型高校的培养需要。目前我国电子商务本科专业可以归纳为两大基本方向:电子商务经管类方向和电子商务工程类方向。它们各自在经济管理知识与技能体系和信息技术知识与技能体系方面有所侧重。以下是电子商务本科专业的培养目标和两个基本方向的差异化专业方向培养目标。

我国现阶段电子商务本科专业的培养目标是:"面向世界、面向未来、面向现代化",为国家培养德、智、体、美、劳全面发展的具备现代经济、管理理论和信息技术等多种知识和电子商务综合技能的,能从事网络环境中企业、事业和社会的商贸购销、商务管理或商务技术支持等现代化商务实践、研究和教学等工作的复合型、专门化人才。

电子商务本科专业经管类方向的培养目标是:在电子商务本科专业目标的基础上侧重掌握现代经济科学、管理科学的基本原理与商务活动的知识与技能,较好地掌握网络化计算机技术和信息化商务技术的基本技能和方法,能够较好地利用电子信息技术从事商业、贸易和营销管理等的实践或研究、教学等工作的复合型、专门化人才。

电子商务本科专业工程类方向的培养目标是:在电子商务本科专业目标的基础上侧重掌握计算机科学、网络通信和信息处理技术等的基本理论和实践技能,较好地掌握现代经济与管理的知识与方法,能熟练地运用电子网络和信息技术,从事电子商务系统的规划、分析、设计、开发、管理和评价等工作的复合型、专门化人才。

三、发展方向

中国电子商务专业人才培养在专业设置方面与美国基本相同,但在培养层次、课程设置、师资力量和教学模式等方面与美国还有很大差距,因此中国电子商务人才培养要想取得长足的发展,必须借鉴和学习美国开展电子商务教育的成功经验。具体来说,有如下建议。

1. 以市场为导向

人才的培养是为了迎合社会的需求,市场对人才的要求对人才培养起着决定性的作用。目前社会对电子商务人才的需求主要来自五种机构、三种类型。五种机构分别是专业电子商务公司、IT网络公司、企业的信息服务部门、咨询服务公司和专业网络营销服务公司;人才类型主要集中在技术类、商务类和综合管理类。

此外,电子商务人才的需求特点和地域存在关联,随信息化的进程发展而动态变化。院校应该积极开展市场调研,与时俱进,充分了解社会和企业对人才的要求,及时调整和优化人才培养方案,以适应社会需求的变化。特别要掌握就业所辐射区域内的人才需求情况,针对该区域企业的人才需求特点,侧重某种技能的培养,使学生更具竞争优势。

针对中国高校电子商务专业师资力量薄弱的情况,各高校应加强师资培养,不断提高教师的理论与实践操作水平。有条件的高校可以派教师到国外高校进修学习,学习国外最前沿的理论动态和先进的实践经验。同时,可以请企业界的电子商务专家兼任该学科某门课程的教师,这些处在电子商务实践第一线的专家具有丰富的商务经验和最新的技术,掌握着电子商务最前沿的信息。这样,既保证学生所学的知识不会落后于时代发展,也保证了学生毕业后不会感到自己的知识与实际工作需要脱节。

2. 改进教学模式

一方面,电子商务是一门新兴学科,不可能在短时间内建立一套成熟完善的理论体系来指导教学。因此,不论哪种层次的培养都应该打破封闭式教学,实行开放式的校企结合的教学与实践模式。另一方面,目前大部分企业还处于电子商务的探索期和尝试期,对于电子商务的理论和方法的掌握都不够成熟,急需专业方面的相关指导和大量的专业人才。因此,高校应该抓住机会,联合企业,一方面在企业的实际应用中挖掘研究课题,为企业排忧解难,使知识转化成产能;另一方面利用企业资源创建实习基地,为学生创造更多的实践机会,让学生在实践中发现问题、解决问题,提高学生的应用能力和创新能力。而上级部门也应该为高校和企业的联姻牵线搭桥,疏通渠道,提供资金和政策的扶持,促进高校的电子商务专业形成产、学、研结合,资源有效共享的良好局面。

3. 纳入非学历认证教育

目前社会上有很多电子商务非学历认证教育,其目的是为了进一步规范电子商务从业人员的职业行为,提升从业能力。与高校教育相比,非学历认证教育更具实用性和针对性,而企业在择人的时候也比较重视这些证书。典型的认证考试有国家劳动与社会保障部推行的"电子商务师"系列认证、计算机技术与软件专业技术资格(水平)考试下设的电子商务系列专业技术资格考试、阿里巴巴旗下阿里学院推出的阿里巴巴电子商务系列认证、IBM电子商务解决方案设计师认证等。院校可以根据自身的层次和方向,选择性地将这些认证考试纳入培养计划,采取选修的形式或者1+X(学历证+职业资格认证)的形式,对学生开展培训或鼓励学生自主参加培训,进行职业定向,提高职业技能。

四、保障措施

1. 大力推进教学改革

电子商务专业的高等教育是一新兴事业,能否被用人单位接纳、被社会广泛认同,关键在于高校教育所培养的毕业生能否适应新经济的发展,能否胜任实际的工作岗位。而教学质量是根本,教学改革是关键,我们应积极探索高等教育特点的教育质量观与教育质量体系,形成高等人才培养的有效途径。鼓励教师结合学科发展趋势,开设新课、整合现有课程体系,加强教学方法、教学手段的改革。

2. 加强师资队伍建设

鼓励教师参加校内外专业进修,提升学历层次,鼓励教师考取资格证书,实现师资队伍的博士化;鼓励教师参加高水平学术会议;鼓励教师到企业挂职锻炼、实习;在培养现有教师的基础上,逐年引进有专业背景或行业背景的教师,充实专业教育队伍;强化教师业务考核。

3. 积极开展科研活动、学术活动，营造学术气氛

鼓励教师申报各类课题；每年邀请电子商务行业或从事电子商务研究的专家、学者举办讲座、研讨会。

4. 加强专业实验室和专业资料室建设和管理工作

在现有电子商务实验室设备和环境的基础上，逐步完善实验室的软件、硬件，通过购买、合作开发、自行开发等方式，逐步完成电子商务、客户关系管理、网络支付、物流模拟等实验软件项目；在最短时间内建设网络实验室；加强实验室设备的教学管理与日常管理，提高设备的利用率和开出率；购买电子商务、物流、网站建设、网络技术等方面的专业资料，加快建设电子阅览室。

5. 修订教学计划

电子商务是个新兴专业，同时也是一个不断发展的专业，根据专业的最新发展，适时调整教学计划。

6. 鼓励与支持我院学生积极参与社会实践活动

建立第二课堂，培养我院学生学习电子商务的积极性，指导学生组织参与学术活动；指导学生开展电子商务实践活动。

7. 探索产学课题，与相关企业建立良好的合作关系

充分发挥全系教师的积极能动性，加快建立校内模拟实训基地，强化校企合作的力度。

>>>>>> 第三章

电子商务人才培养目标及途径

第一节　电子商务人才培养目标

一、教育部电子商务人才培养目标

1. 什么是人才培养目标

人才培养目标是指教育目的在各级各类学校教育机构的具体化。它是由特定社会领域和特定社会层次的需要所决定的,也随着受教育对象所处的学校类型、级别而变化。为了满足各行各业、各个社会层次的人才需求和不同年龄层次受教育者的学习需求,才有了各级各类学校的建立。各级各类学校要完成各自的任务,培养社会需要的合格人才,就要制定各自的培养目标。

教育目的与培养目标是普遍与特殊的关系。只有明确了教育目的,各级各类学校才能制定出符合要求的培养目标;而培养目标又是教育目的的具体化。教育目的是针对所有受教育者提出的,而培养目标是针对特定的教育对象而提出的,各级各类学校的教育对象有各自不同的特点,因此制定培养目标需要考虑各自学校学生的特点。

2. 电子商务专业人才培养目标

专业人才培养目标考虑到电子商务专业背景学科的交叉融合性和专业知识技能的复合创新性,以及就业市场的广阔多样性和开设本专业的不同高校的类别优势性,对电子商务本科专业应该采取一个专业多个方向的方式来满足不同类型高校的培养需要。目前我国电子商务本科专业可以归纳为两大基本方向:电子商务经管类方向和电子商务工程类方向。它们各自在经济管理知识与技能体系和信息技术知识与技能体系方面有所侧重。

以下是电子商务本科专业的培养目标和两个基本方向的差异化专业方向培养目标。教育部高等学校电子商务专业教学指导委员会编制的《普通高等学校电子商务本科专业知识体系》中明确了电子商务本科专业的培养目标是:面向世界、面向未来、面向现代化,为国家培养德、智、体、美、劳全面发展的具备现代经济、管理理论和信息技术等多种知识和电子商务综合技能的,能从事网络环境中企业、事业和社会的商贸购销、商务管理或商务技术支持等现代化商务实践、研究和教学等工作的复合型、专门化人才。

鉴于电子商务专业背景学科的交叉融合性和专业知识技能的复合创新性,以及就业市场的广阔多样性和开设本科专业的不同高校类别优势性,对电子商务本科专业人才培养工作,应该分为不同的培养目标。

以需求为导向的电子商务本科人才培养目标是:在电子商务本科专业目标基础上,侧重掌握现代管理科学、经济学的基本原理和商务活动的知识与技能,较好地掌握网络技术、信息化商务技术的基本技能与方法,创新性地应用电子信息技术手段从事商业、贸易和营销管理等的实践或研究工作。

电子商务本科专业经管类方向的培养目标是:在电子商务本科专业目标的基础上侧重掌握现代经济科学、管理科学的基本原理与商务活动的知识与技能,较好掌握网络化计算机技术和信息化商务技术的基本技能与方法,能够较好地利用电子信息技术从事商业、贸易和营销管理等的实践或研究、教学等工作的复合型、专门化人才。电子商务本科专业工程类方向的培养目标是:在电子商务本科专业目标的基础上侧重掌握计算机科学、网络通信和信息处理技术等的基本理论和实践技能,较好地掌握现代经济与管理的知识与方法,能熟练运用电子网络和信息技术、从事电子商务系统的规划、分析、设计、开发、管理和评价等的实践或研究、教学等工作的复合型、专门化人才。

二、我校电子商务专业人才培养目标

1. 总体培养目标

坚持以马列主义、毛泽东思想、邓小平理论和江泽民同志"三个代表"重要思想为指导,体现教育要面向现代化、面向世界、面向未来的时代精神,全面贯彻党的教育方针,培养学生具有坚定正确的政治方向,热爱祖国,坚持四项基本原则,拥护和执行党的路线、方针、政策,坚持理论联系实际,积极参加社会实践,实事求是,遵纪守法,艰苦求实,热爱劳动,热爱中医药事业。使学生具有为祖国富强、民族昌盛、为中医药事业振兴而献身的精神及良好的思想品德、职业道德,能适应社会主义经济建设和现代化建设的需要,适应行业发展的需求,基础扎实、知识面宽、能力强、素质高,具有创新精神和实践能力,成为社会主义事业的建设者和接班人。

2. 政治、体育及素质拓展等教学基本要求

（1）思想政治教育:通过对学生进行政治理论教育,使学生了解马克思主义哲学、政治经济学、科学社会主义等基本理论观点的历史渊源、主要内容和现代发展。使学生正确理解有中国特色社会主义建设的理论及党的基本路线、方针和政策,坚定社会主义方向。在思想教育课和日常的政治思想教育中,应根据党的教育方针,加强对学生进行党的路线、方针、政策的教育、社会主义法制教育、大学生行为规范教育、校风校纪教育、职业道德教育等,把教书育人贯穿到学校教学和其他一切活动之中。培养学生具有良好

的社会主义道德风范和积极向上的进取精神。针对现阶段大学生的特点,对学生的政治思想教育,应以疏导说理为主,深入细致,采用多种渠道和形式,讲究实效,加强管理。

（2）国防、体育教育:通过国防教育,组织军训,增强学生的国防观念、爱国主义精神和献身社会主义建设事业的历史责任感,加强学生的组织纪律性,培养学生的集体主义精神和艰苦奋斗的优良作风。

教育学生重视体育锻炼,指导学生学习体育的基本理论知识和运动技能,掌握锻炼身体的科学方法,养成坚持体育锻炼的良好习惯,不断提高运动技能水平,健强体魄。坚持上好早操、课间操和开展形式多样的课外体育活动。

（3）素质拓展教育:是教学渠道之外的有助于学生提高综合素质的各种活动和工作项目(第二课堂),以培养大学生的思想政治素质为核心,培养创新精神和实践能力为重点,普遍提高大学生的人文素养和科学素质,以主动适应经济社会发展对青年人力资源开发的迫切需要和广大青年学生成长成才、就业创业的迫切需要。

（4）创新创业教育:通过系统的知识学习和第二课堂项目的参与以及各种社会实践,培养大学生创新创业意识,提高学生的创新能力和实践能力,以提高社会适应力并能根据社会需要主动进行自我完善和创造开拓各种机遇。

3.专业培养目标及业务培养要求

（1）专业培养目标:本专业培养具备经济管理与现代商务理论基础,掌握电子商务技术、电子商务管理的基本知识和基本技能,具有现代商务的理论基础,具有使用网络开展商务活动的能力,能在商贸领域、政府机构从事电子商务系统的设计、开发、管理等工作,基础扎实、知识面宽、综合素质高,具有创新意识和实践能力的应用型专业人才。

（2）业务培养要求:本专业学生主要学习管理、经济、计算机技术等方面的基本理论和基本知识,接受电子商务技术、电子商务管理方法和技巧方面的基本训练,具备现代电子商务操作技能,具有分析、管理、规划和设计电子商务应用问题的基本能力。

第二节　电子商务人才的知识结构要求

一、电子商务人才培养的社会需求

1.社会对电子商务人才的能力要求

随着人们对电子商务运用的增加,认识到电子商务不仅仅是指网上购物,也不仅仅是企业建个网站、做个网页就完了,电子商务包含的内容非常广泛,如 ERP、SCM 等。可以说在全球或内部网络的环境下,在整个世界的范围内进行并完成的各种商务活动都可以称为电子商务活动。电子商务人才需求的增加不仅体现在数量方面,例如各行业、各机构都可能有要开展电子商务的要求,因而不少企业现在迫切需要有一大批的技术人员来进行管理。此外,对电子商务人才的需求,还体现在对相关人才在能力、知识结构等方面的要求,因为发展电子商务需要既懂经济、管理理论,又掌握现代信息技术理论、工具的复合型人才。这样的高素质人才根本不足,因而变得更加紧俏。许多公司和商家由于缺乏足够的专业人才来处理电子商务所遇到的各种问题,开始急于招聘电子商务人才。但是发现可供企业选择的范围并不大,或者企业选择的人才并不理想。公司现有的电子商务人才很多都是从相关各专业如管理学科、经济学科或以计算机和网络为主要范畴的信息学科转行而来的。仅仅具有网络和电脑的技术性知识或仅仅具有经济管理方面的知识远远不够,必须既有企业管理策划的理论与经验又具有相应网络技术的人才,才能满足企业电子商务的需要。

所有企业对管理类的学生都提出了一些共同的要求:沟通能力、公关能力、协调能力、创新能力等等。这些方面的培养,在我们的教学中体现不多。很多同学学习成绩一般,可是凭借这些方面的天赋赢得企业的青睐。企业建议学校在培养学生学习专业知识的过程中,应加大对学生职业道德的培养,以及团队精神、吃苦耐劳精神的培养。这些对于一个大学生来说都是社会基本要求。理论要与实践紧密结合,多搞一些校企合作,多去企业参观实习,这样不仅可以提高教学效果同时还可以使学生尽早了解社会、了解自己的职业,将来能够更快地适应工作岗位。

电子商务专业具有广阔的发展前景,社会需要各个层次的电子商务人才,需要专业性突出、行业工作能力强的人才。电子商务可以应用于各行各业,其特点是专业覆盖面宽,这也极易造成专业性不突出,学生就业优势不强的缺陷。社会需要大量的电子商务人才,这是无可非议的。关键是我们要认识社会需要什么类型的电子商务人才,我们如何去培养这些类型的人才。我们必须要修订教学计划,使其更具科学性的同时,更具有专业性,更加符合社会需求,同时加强实践性教学环节,加强实验室建设和实习基地建设。使培养出的学生更具有专业特点和市场竞争优势。

2. 电子商务应用型人才的知识结构要求

我国的电子商务发展为电子商务人才培养提供大量市场需求,而电子商务的教育却不能满足市场发展的需求,供需矛盾突出、人才短缺已成为我国发展电子商务面对的紧迫问题。应用型人才的知识结构及课程的设置要符合三个原则。

（1）电子商务应用型人才的数量和层次要与市场的需求适应。这要求电子商务教育中人才培养的数量和层次要根据企业实际岗位的数量和要求来设置。由此产生对电子商务教育的两个要求：在宏观层次,要求了解我国企业的电子商务整体需求的数量和层次,各教学单位根据自身条件产生自己的市场定位；在微观层次,在课程设置时需要调研一些典型的电子商务企业,从其职位需求和职位的能力与知识出发来设置课程与培养方向。

（2）电子商务应用型人才的培养单位要有明确的市场定位。目前我国电子商务教育的一大缺陷是,没有明确的市场定位,于是没有明确的教学目标。人才培养单位的市场定位来源于我国电子商务市场需求的数量和总量。然后,再根据本教学单位的自身条件来制订。

（3）电子商务应用型人才的培养要符合电子商务实际运营的需要。要从深刻理解电子商务的本质及运作规律出发,充分反映电子商务教育的基本内容,组成信息流、物流、商流、资金流等知识模块系列,构建电子商务教育的主体知识结构。电子商务教育的知识结构的分析模型见图3-1。

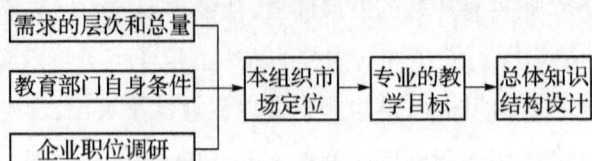

图3-1　电子商务教育知识结构的分析模型

3. 不同视角下电子商务专业人才的知识能力结构要求

以上几个原则产生了电子商务人才需求层次的两个主要视角。一是电子商务发展阶段的视角,在电子商务发展的不同阶段实际上就是与电子商务的信息流、商流、资金流、物流在商务中的不断深入发展相对应的。电子商务应用人才的培养要分析市场发展的不同阶段,在某一特定的发展阶段,其教学的内容要有所侧重。二是企业职位需求的视角,企业对电子商务的人才有不同的需求,要根据企业的高、中、基层所需的知识和能力来培养人才。以上两个视角与本教育部门的自身条件一起决定本教学组织的市场定位。

（1）电子商务发展阶段的视角。根据国家工商局的统计,我国登记在册的企业有870万家,其中大中型企业有10万多家。据专家预测,我国未来10年大约需要200万名电子商务高级专门人才。大中型企业大部分实现初级电子商务,部分大型骨干企业实现中级电子商务,小部分企业培养成高级电子商务示范企业。大部分中小企业推广单项信息技术,部分中小型骨干企业分期实现初级电子商务,建立若干个中级电子商务示范企业。

一般概念认为,电子商务是指通过信息网络以电子数据信息流通的方式在全世界范围内进行并完成各种商务活动、交易活动、金融活动和相关的综合服务。因此,电子商务涉及信息流、商流、资金流、物流。四流在商业中应用的深度和广度决定了电子商务发展的不同层次：①信息流是指商品信息的提供、促销行销、技术支持、售后服务等内容；②商流是指商品在购、销之间进行交易和商品所有权转移的运动过程；③资金流是指资金的转移过程，包括付款、转账等过程；④物流是指物质实体的转移过程，包括运输、储存、配送、装卸、保管、物流信息管理等各种活动。以上电子商务流程是一笔交易所包含的环节，也是电子商务教育的主要内容。

根据电子商务应用水平及商务与电子的融合程度可分三个层次：①初级电子商务，主要指实现信息流的网络化，即进行网上发布产品信息，网上签约洽谈，网上营销，网上收集客户信息，实现网络营销等非支付型电子商务。实现初级经营服务信息化。②中级电子商务，主要指实现信息流与资金流的网络化。即实现网上交易、网上支付，实现支付型电子商务，以供应链管理与客户管理为基础，实现中级经营服务信息化。③高级电子商务，指开展协同电子商务，全面实现信息流、资金流、物流的网络化。实现支付型电子商务与现代物流，网上订货与企业内部ERP结合，及时精良生产，实现零库存。从产品的设计研发、生产制造、产品交货、物流配送、财务处理、甚至是最后的成效评估等，都通过电子集市使交易各方能够同步作业。

在电子商务的不同发展阶段对人才所需知识的侧重点是不同的，电子商务应用水平及商务与电子的融合程度的三个层次中，初级应用水平对信息流有所偏重，越到应用的高水平对人才的知识结构的需求越全面。各教学单位可以根据自身的教学条件对学生的知识有所侧重。

（2）企业职位需求的视角。要推动整个企业电子商务的发展，人才的需求是全方位多层次的，可以将国内学习电子商务的人员大致划分为以下几类，这三个层次的人才形成一个互补的知识和技能体系。

①电子商务企业的决策者和各级领导：在教育的知识体系中要求他们熟悉企业战略、经营管理、成本效益分析等管理知识，也需要迅速了解电子商务涉及的最新技术。

②电子商务中层人员：他们是电子商务的积极推动者，在教育的知识体

系中要求他们既要对计算机技术比较了解,又要积极地充实商业与经济管理方面的知识。

③电子商务的初级管理人员:他们是电子商务交易的具体管理人员,在教学中只要求能熟练的掌握商务操作,同时对贸易知识有所了解即可。

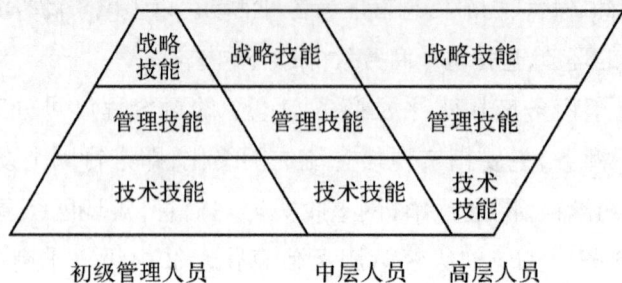

图3-2　企业各层人才知识和技能需求的互补关系

二、我校电子商务人才的能力结构要求

1.普通高等学校电子商务本科专业知识体系

电子商务正在给世界贸易格局和经济增长方式带来巨大的变革,已经成为21世纪主要的经贸方式之一。电子商务的进一步深入发展需要大批量高层次的复合型专业人才。教育部高等学校电子商务专业教学指导委员会根据目前已有的300多所高校开展电子商务本科专业人才培养的现状,按照教育部"高等学校本科教学质量与教学改革工程"的要求,组织专家在大量调研和前期工作成果基础上编制了本科专业知识体系(试行版)。《普通高等学校电子商务本科专业知识体系》完整地介绍了知识体系的专业建设需求、基本定义、总体框架、实践要求、与课程体系的关系、在专业评估中的作用以及内容分类描述等。作为普通高校电子商务本科专业标准的一个基础,知识体系的实施将对各高校电子商务专业的规范化建设起到积极的作用。

2.我校电子商务专业知识能力结构要求

本专业学生在完成学业时,专业水平和技能应达到以下要求:

(1)知识结构要求

①掌握经济、管理与电子商务原理等方面基本理论知识。

②掌握信息科学与技术、计算机及网络的基本理论与基本知识。

③掌握电子商务法律法规、标准体系、发展战略、前沿学科等综合知识。

④了解中医药相关知识。

（2）能力结构要求

①具有一定的电子商务系统设计、开发、管理的应用能力。

②熟悉国际电子商务活动的惯例。

③具有较好的英语语言运用能力和借助工具书阅读专业英语书刊的能力。

④熟练运用计算机,掌握文献检索、资料查询的基本方法,能查阅本专业外文资料。

⑤具备开展电子商务活动、从事电子商务业务的基本能力。

⑥进一步自主获得知识的能力。

（3）素质结构要求

①具有良好的思想道德品质。

②身心健康。

③具有正确的人生观和价值观。

④具有良好的职业素质。

⑤具有良好的社会沟通与交往能力。

第三节　电子商务人才培养途径

一、国内外电子商务人才培养途径

1.什么是人才培养途径

"人才培养模式"是指在一定的现代教育理论、教育思想指导下,按照特定的培养目标和人才规格,以相对稳定的教学内容和课程体系,管理制度和评估方式,实施人才教育的过程的总和。它具体可以包括四层涵义:

(1)培养目标和规格;

(2)为实现一定的培养目标和规格的整个教育过程;

(3)为实现这一过程的一整套管理和评估制度;

(4)与之相匹配的科学的教学方式、方法和手段。

人才培养途径则是保障人才培养目标实现的途径,是人才培养模式中的重要保障环节,可包括教学途径、科研途径和实践途径等。这三种途径的有机结合也就是实现人才培养目标的特色途径的形成过程。高校在明确人才培养目标的基础上,结合学校自身的特点和条件,选择适合自己的人才培养途径,培养既能满足社会需求又能全面发展的人才。

2.美国电子商务人才培养途径

美国电子商务人才培养与中国高校电子商务教育侧重本科不同,美国高校大多在研究生阶段设置电子商务课程。1998年,卡耐基·梅隆大学由工业管理研究院和计算机学院联合创建了电子商务学院,并于1999年全球首设电子商务硕士。此后,美国一些大学集中计算机和管理类的师资力量,相继开设电子商务或在其他课程中增加电子商务内容,并逐渐形成偏向系统管理的培养方向。

在课程设置上,美国各大高校各具特点。加州大学伯克利分校开设基于供应链管理的电子商务课程;麻省理工的斯隆管理学院开设电子商务营销课程,并辅以课堂讨论、项目研究、带薪实习和课余实践;斯坦福大学则要求学生在因特网营销课程中学习如何制定在线商务模式,并利用所学设计因特网服务或产品;以案例教学著称的哈佛大学也制作了研究斯科、亚马逊、戴尔等的电子商务案例。

除了课程学习,美国大学显然更重视实践能力的培养。在许多大学里,学生需要参加具体的项目进行实践学习。学生要将所学理论知识应用于合作公司的特定情况,如范德尔比特大学的学生就需要为商界领导提供咨询服务。学生还可以通过组织电子商务研讨会来提高自身的领导能力。美国高校一般都有自己的电子商务研究中心,如德州大学奥斯汀分校,并对电子商务领域的定价策略、法律问题、在线消费行为等关键问题进行研究。很多大学与企业也都有密切的合作,将公司的资金投入和大学的科学研究相结合,促进电子商务研究屡创新高。

在电子商务人才培养目标上,美国高校坚持以市场导向为主,以基于因特网的技术、产品开发、营销、管理和战略制定为基础,通过开设电子商务课程,结合电子商务研究中心、强调动手操作能力等方式,培养学生利用网络制定新的竞争方式与企业战略的能力。

3. 英国电子商务人才培养模式

英国高校电子商务教育既注重本科阶段的培养,也注重研究生阶段的深造,同时也十分注重突出自己的传统优势,如:英国布拉福特大学的密码学研究一直处于全英前沿,故该校电子商务专业就围绕这个优势来建设;利物浦大学则分别在管理学院和工业工程学院开设了两种方向不同的电子商务专业。尽管不同的院系会开设方向不同的电子商务专业,但在校内会设置课程协调员或者研究中心,为教学方向不同的教学和科研人员提供合作与交流的平台。

英国高校电子商务课程分为三类:为有电脑知识背景的学生开设的专业课程,为无电脑知识背景的学生开设的衔接课程以及为专业经理人开设的 MBA 课程,且大多数偏向于基于网络的信息技术和系统开发。

在电子商务研究领域,英国大学也不甘落后。卡地夫大学电子商务创新研究中心是欧洲第一个从事电子商务领域研究的机构,利用研究成果,帮助企业更好地认识和应用电子交易,支持政府部门的电子商务应用,并努力提高下一代的电子商务意识,为电子商务的顺利发展提供了有力的技术环境支持。

4. 我国电子商务专业培养的特点

我国电子商务人才培养模式重视理论教育。纵观各大高校电子商务专业的课程体系设置,理论课占据了相对多的学分和学时比重。电子商务作为多门传统学科交叉形成的新型学科,需要学生广泛涉猎各门学科的知识,因此对学生理论素养的培育提出了较高的要求。

其次,结合自身优势选择侧重方向。国内高校电子商务专业的建设,大多有效借助学校的优质学科群和学术资源。在电子商务专业侧重点的选择上,国内高校经过几年的摸索和实践,也表现出一些特点。电子商务人才培养以本科生为主,研究生为辅。绝大多数高校着眼于培养本科生人才,因为国内学者普遍认为,电子商务专业必须建立在较宽泛的理论基础之上,这是电子商务专业本身特点所决定的,因此把课程设置在时间相对充裕的四年本科阶段,也有助于学生打好扎实的理论根基。

二、我国电子商务人才培养存在的问题及解决措施

1. 我国电子商务人才培养存在的问题

(1)师资力量不足:现有院校师资大多数从计算机、网络、管理、营销或其他专业调派,其知识储备大多来自以往出版的一些电子商务书籍,不够系统、不够深入、不够实用,难以满足高素质的电子商务人才培养的需要。另外教师本身很少参与企业的实际运作管理,电子商务实战经验大多没有,在从事电子商务教学时显得勉为其难。

(2)课程设置欠佳:由于缺乏对电子商务在国际上领先应用、在中国企业实际应用的理解,课程设置的随意性很大。其问题主要表现在两个方面:一是将现有的有关技术和商务方面的课程简单堆砌在一起,不能达到整合几类课程的目的;二是强于书本而弱于实务,缺乏必要的案例教学和实务操作能力的培养,因而也就很难培养出高标准的实用型人才。

(3)实践途径缺乏:现有高校电子商务教育的现状是:教师以说为主,学生以听为主。事实上,现有的电子商务理论还很难对日新月异的电子商务活动进行卓有成效的指导。并且电子商务是一门综合性的商务学科,需要大量的实践动手训练。尽管这两年很多高校都意识到这个问题,并推出了电子商务实验室系统,供学生模拟练习,大多数学校实验内容还是比较单一,明显缺乏电子商务所需要的网上实时更新的演练

环境。

2. 电子商务实用型人才培养解决措施

（1）改善电子商务教学环境，提倡交互式教学：随着网络信息技术的发展，要教好电子商务课程就不可能在封闭的学校环境内组织教学，而是要把课堂教学与先进的教学手段紧密结合起来。学校内应组建局域网，配置多媒体教室，开拓实验实训基地建设，为学生进行电子商务软件实验、网页制作和网上贸易模拟实验提供良好的模拟环境，进而改变传统落后的教学手段，激发学生的学习兴趣。例如，在讲解网上购物这一课时，使学生认识到网上购物已成为时尚。讲授者可在局域网主机上演示在淘宝网站订购商品的全过程。通过这种讲解使学生对网上选购、付款方式有了感受。学生掌握了网上购物的方法后产生一些新问题，针对学生提问教师应该逐一解释，及时解决。这种交互式的教学模式使学生产生强烈的学习欲望，形成良好的学习动机，充分调动了学生的学习积极性，比传统的"填鸭式"和"满堂灌"教学模式更能让学生理解和掌握知识。

（2）重视学生专业素质的塑造：电子商务专业学生要想在就业市场中找到合适的位置并继续稳定发展，除了具备扎实的专业知识外，还应该重视专业素质的培养。学校可以开展以下工作加强学生专业素质：一是开设选修课，如公关与商务礼仪、推销理论与实务、演讲与口才、消费者心理等课程，提高学生的交流与沟通能力；二是组建电子商务专业学生社团或协会，积极开展第二课堂的活动，定期举行各类比赛，培养学生的创新与创造能力。

（3）积极探索校企合作模式：职业教育是与行业、企业联系最为密切的"三位一体"模式的教育，学校、企业、社会三者之间是不可分割的统一体。因此，应加强学校与企业和社会用人单位等外界的合作：邀请企业单位的电子商务管理人员共同参与电子商务的专业设置论证、人才培养计划的制订、课程内容的确定等工作，保证人才规格适应职业岗位的要求。另外，与企业签订"订单式"培养计划，组织学生到企业进行认识实习、课程设计和毕业实习等措施也是有效的校企合作方式。

　　阿里巴巴商学院是杭州师范大学与阿里巴巴（中国）有限公司合作共建的一所办学理念先进、体制机制独特、教学模式新颖的校企合作学院，学院实行董事会领导下的院长负责制，阿里巴巴集团董事局主席马云先生任董事长。学院顺应经济全球化发展趋势，培养具有人文底蕴、企业家精神、杰出创新创业能力的、具有"国际视野、实战能力、创新精神"的商务精英和高端创业人才。学院聘请有关领导和教育界、企业界知名人士担任高级顾问。阿里巴巴商学院以电子商务专业为主，逐步发展经济类、管理类、财会类、贸易类专业；办学以本科生和研究生教育为主，加快发展工商管理硕士（MBA）和留学生教育，同时大力发展非学历教育和各类社会化培训。力争未来打造成国内一流、国际上有一定影响力的商学院。

　　（4）根据市场经济需求，加强师资队伍建设：师资队伍建设是搞好教学工作的关键，电子商务专业要求专业课教师既懂电脑又要懂商务，既懂理论又要懂实践操作。因此，要办好电子商务专业，学校应尽快培养出一批能将信息技术与商务理论和实践相结合的，具有复合型能力的优秀而稳定的师资队伍。笔者认为可以从以下几点着手：一是有计划、有步骤地派出一些高学历青年教师到企业进修锻炼，参与和承担企业的生产或研究项目，提高教师的教学能力；二是着力打造兼职教师队伍，聘请有丰富实践经验的电子商务管理人员讲授专业实践课，以确保实践教学的实用性和前沿性；三是聘请著名专家、学者、教授以讲座的形式授课，让学生吸收电子商务领域最新的知识与技术。

三、我校电子商务人才培养的途径

1.我校电子商务人才培养的指导思路

　　我校电子商务培养结合自身办学资源的优势和特点，不照搬其他院校的模式，把握市场需求，明确电子商务人才的切实可行的培养途径。让学生在广泛学习经济学、管理学、信息技术等理论知识的基础上，针对企业需求，侧重某种技能的培养,使其具有较强的竞争优势。

我校一直以来都强调实际动手能力的培养,以理论教学为基础,以技能应用为核心。我们培养的是应用型人才,因此在构筑课程体系时更多地强调应用性、适用性与创造性,形成一个以综合能力培养为目标的教学体系。能力的培养主要就是对学生实践能力及实际动手操作能力的培养,包括技术方向的系统开发、网站建设以及商务方向的营销策划等。

我校比较重视学生创新能力的培养,国内外许多学者都对创新能力给予了高度的重视。电子商务是一门新兴学科,理论体系并不完善,商业技术和模式层出不穷,不可能在短时间内建立一套成熟完善的理论体系来指导教学与实践。因此,电子商务教育需要打破封闭式的教学模式,实行开放式的校企结合的教学方式,提高学生的创新实践能力。此外,要让学生主动参与到教学过程中,通过对实践中遇到的问题进行分析和讨论,寻找解决方案,提高发现、分析与解决问题的能力。这些能力使得学生在走向社会后具有极强的竞争优势,对企业成功实施电子商务也能提供稳固保障。

2. 我校电子商务人才培养途径的选择

(1)我校按"厚基础、宽口径"原则构建课程体系:在电子商务课程体系的建设上,我校按照"厚基础,宽口径,强能力,高素质,广适应"的原则优化课程体系,更新教学内容,培养出基础扎实、知识面宽、能力强、素质高的专门人才。"厚基础"的目的是使学生打好理论知识的基础,把握科学的研究方式方法。所设置的课程不是针对某单一职业岗位,而是针对相关岗位群所必需的知识和技能,着眼于学生的可持续发展,着眼于专业技术的训练、着眼于转岗能力和实践能力的培养,强调人才培养基础知识的全面性。"宽口径"的目的是使人才满足多样化、实用化的需求状况。课程和教学内容要适应岗位群对知识、能力和素质结构的要求,要以专业技能训练为主,以就业为导向,着眼于能力的培养,强调人才培养的适应性和针对性。

同时,我校加强电子商务专业师资队伍建设。教师素质高低直接影响人才培养目标的实现,在建设电子商务专业师资队伍时采取以下措施:第一,组织相关教师参加有关教育部等各级教育机关举办的培训班,并鼓励教师参与企业举办的实践培训项目。第二,组织教师参与电子商务课程教学方法和教学心得的交流活动,鼓励教师参加电子商务学术交流以及国内外访学交流活动。第三,鼓励教师积极承担或参与电子商务课题研究。第四,建立高校教师到企业实践制度,鼓励教师到电子商务企业挂职、参与企业电子商务项目研发。第五,支持高校面向社会聘用电子商务实践领域的人才担任专业课教师或实习指导教师或者来校作讲座。

(2)加强实践教学:电子商务的实践教学环节主要包括三个方面:①电子商务条件下的商务实践,如网上市场调研、网络广告设计与实务、网络营销方案设计等。②模拟电子商务全过程运作的实验,即电子商务模拟实验。③电子商务系统设计与开发实验。

目前,可以采取以下途径加强实践教学:①建立学校与企业之间密切交流、合作的机制,为学生提供电子商务实践机会。②建立校内电子商务专业的实验室。校内电子商务实验室至少具有两大功能:一是以电子为主演示商务流程的功能,使学生在掌握电子商务专业理论知识的同时,能对有些专业课程进行实际操作。二是初步模拟商务流程的功能,学生通过模拟教学软件来理解电子与商务的关系。③将一个教学班分成多个小组,以小组为单位建立电子商务网站、开设网上网店,培养学生的团队精神,积累从事电子商务的实战经验。

大力推行校企合作的人才培养模式。校企合作是实现学校、学生、企业三赢的一种人才培养模式。学校在企业建立实训基地,教师在企业挂职锻炼,丰富实践经验。同时企业利用学校资源为企业进行岗位培训、产品开发和设计、市场调研等。学生通过在企业实习实训,可以提高操作技能,积累实战经验,有利于"零距离"上岗。根据我国电子商务发展的现状,我校主要通过以下方式加强校企合作:①学校与实施信息化改造的传统企业或 IT 企业进行横向合作。学校组织学生参与到传统企业开发、建立电子商务应用系统或者电子商务运营工作中,与企业合作开发电子商务项目,解决企业在电子商务中的实际问题,将 IT 企业的电子商务方案引入教学,让学生实习和应用。②鼓励学生利用寒暑假、节假日和毕业实习的时间到相关企业进行实践锻炼,提高其操作技能水平。如到大型连锁超市、物流企业、IT 企业、局域网健全和网络技术应用广泛的企业参与企业电子商务业务活动。③学校与企业开展"订单式"人才培养,根据电子商务岗位对知识、能力和素质结构的要求,学校和企业共同拟定人才培养方案,共同培养电子商务人才。

>>>>>> 第四章

我校电子商务专业特色

第一节　电子商务专业与医药行业特色的集成化

　　本专业依托于具有多年办学历史的南京中医药大学,将医药行业、医药企业的应用需求与电子商务系统开发、应用和管理相结合,将相关教学研究、科学研究、学校管理与专业建设紧密结合,取得了较好的实际效果。

一、突出医药特色的必要性

（一）满足医药市场对人才的特殊需求

　　1. 医药行业被人们称为"永远的朝阳行业",是当前利润增长最快的十大行业之一。有专家预测,随着医疗改革的到位,医药分家的逐步完成,医药市场的不断规范,2010 年,我国的医药市场销售额 600 亿美元,2020 年则可能达到 1 200 亿美元,从而超过美国成为全球第一的医药销售市场。这么大的市场无疑需要大量的医药相关人才。

　　2. 医药产品是特殊的产品,关系到人们的健康和生命。医药产品的特殊性,要求医药行业从业人员除了具备专业知识外,还必须具备医药知识和健康心理知识,能向消费者全面介绍药品的药理性质、毒副作用,让消费者享有知情权和选择权。

（二）充分发挥医学院校的资源优势,增强专业竞争力

当前,综合性的名牌大学很多都办有电子商务专业,其办学条件堪称一流。我校作为省属医药院校虽然在开办一般电子商务专业上不能与之媲美,但也具有自身独特的优势:拥有医药方面的师资、图书信息资料和实验设备,以及医药院校特有的品牌效应等,这些条件是其他院校难以比拟的。

1.南京中医药大学简介

我校始建于 1954 年,历经江苏省中医进修学校、江苏省中医学校、江苏新医学院、南京中医学院等历史时期,是全国建校最早的高等中医药院校之一,是江苏省重点建设高校,也是江苏省人民政府与国家中医药管理局共建高校。半个世纪以来,南京中医药大学为新中国高等中医教育培养输送了第一批师资、主持编写了第一套教材和教学大纲,培养并诞生了新中国中医药界最早的学部委员(院士),为新中国现代中医高等教育模式的确立和推广做出了重要贡献,被誉为"中国高等中医教育的摇篮"。

学校坐落于钟灵毓秀、虎踞龙蟠的古都南京,拥有仙林和汉中门两个校区。现有各类在校生 20 000 余名,设有基础医学院、第一临床医学院、第二临床医学院、药学院、经贸管理学院、护理学院、外国语学院、信息技术学院、心理学院共9 所直属学院,24 个本科专业,涉及医、管、理、工、经、文等 6 个学科门类,初步形成了以中医药为主体、中西医结合、多学科为支撑协调发展的办学格局。

学校现有 3 个国家重点学科、14 个国家中医药管理局"十一五"重点学科、19 个国家中医药管理局"十二五"重点学科、4 个江苏省高校优势学科建设工程、8 个江苏省重点学科[其中 2 个列入国家重点(培育)学科]。拥有中医学、中药学、中西医结合 3 个博士后科研流动站,25 个博士点(一级学科博士学位点 3 个、二级学科博士学位点 22 个)和 38 个硕士点(一级学科硕士学位点 5 个、二级学科硕士学位点 33 个),博士点覆盖中医、中药、中西医结合所有二级学科,具有博士生导师自审权和主干学科专业的教授

评审权。学校现有 5 个国家级特色专业、6 门国家级精品课程、2 个国家级教学团队、1 个国家级人才培养模式创新实验区、2 个国家级实验教学示范中心、25 部国家级规划教材（主编）。现已建成 21 所附属医院、5 所中西医结合临床医学院，各类教学及毕业实习基地逾百所。

2. 经贸管理学院简介

南京中医药大学经贸管理学院正是为了适应学校创办国际著名、国内一流大学的目标，同时也为了适应社会主义市场经济发展对人才的需求，拓宽人才培养的途径，培养社会急需的交叉学科的综合型人才，同时加强人文社会科学建设和对学生的素质教育，于 1995 年成立。自建院以来，经管院秉承了南中医悠久的校园文化，质朴的校风学风以及深邃的学术思想，顺应中国经济社会与医药行业发展的潮流，开拓中医药院校多学科为支撑协调发展的教育新格局，积极探索养成学生科学精神与人文精神的综合素质基础以及中外合作办学、校企合作办学等多种新型高等教育办学模式，为社会培养和输送了一大批优秀人才。

经贸管理学院拥有一支以中青年教师为骨干力量，高素质、高学历的富有活力的教师队伍，现有教职工 82 人，其中专职教师 62 人（含双肩挑干部）；教师中教授、副教授共 15 人（其中有博士生导师 2 人，硕士生导师 10 人）；获得博士学位和在读博士 31 人，有 5 人获得江苏省"青蓝工程"培养对象称号，1 人被授予霍英东教育基金会青年教师奖，4 人获得教师先声先进教师奖。目前，学院现设有社会医学与卫生事业管理 1 个硕士学位点，有国际经济与贸易、公共事业管理、电子商务、市场营销、信息管理与信息系统、药事管理等 6 个本科专业和医疗保险、卫生事业管理 2 个专业方向，2 个省特色专业、1 个省级人才培养创新实验区、1 个省部共建实验室。拥有在校本科生人数 2 400 余人，在校硕士生数 85 人。

学院致力于培养现代国际型、应用型、复合型的高素质人才。以中医药学科为支撑，形成行业定位和专业特色；以现代经济、管理理论为基础，构建学生的专业核心能力；以与企业合作为平台，构建学生的企业家精神、职业化能力；与国外著名大学合作，在国际范围内进行师资人才资源的优化组合配置,实现人才资源共享,构建学生的国际化能力。

学院坚持教学与科研相长的策略,鼓励教师加强团队协作。学院设有社会医学与卫生事业管理一个校级重点学科,设有公共事业管理1个教学团队,近5年来,学院积极申报多项各级各类课题数,获得国家自然科学基金、国家社科基金以及部省级以上题项逐年增长。发表论文数605篇。其中有1项教育教学成果获得省级二等奖,有6项研究项目15余人次获得不同层次的奖励。此外,学院还致力于教材建设,近5年共有十余本教材被列为国家"十一五""十二五"规划教材,由学院教师著述或主编或参编的教材(专著)多达数十部,强劲的著书立说能力和科研水平,得到全国高等医药院校专业同行们的认同。学院重视与国内外学界的交流与合作,迄今为止已经与澳大利亚的西悉尼大学、墨尔本皇家理工大学、斯威本科技大学、拉筹伯大学等著名学院建立合作办学和学术交流关系。

3. 电子商务专业的医药特色定位

在上述客观环境下,我院电子商务专业实施补缺者定位战略,开办有医药特色的电子商务专业。并且在传授一般电子商务理论的基础上突出医药特色。将电子商务知识和医药知识有机结合,让学生在掌握医药、电子商务理论的基础上,把握医药电子商务的规律和特点,继而培养出复合型的医药电子商务管理及技术人才,凸显医药院校的医学资源优势和品牌效应,从而在电子商务领域中独领风骚。

(三)促进医药院校的可持续发展

医药院校电子商务专业突出医药特色,可以满足市场的特殊需求,增强专业的竞争优势,继而可以大大提升学校的品牌形象,最终扩大办学规模,增强学校的综合实力。另外,医药院校通过把医药学与电子商务学结合起来,有利于实现由传统的医药专业向其他专业的拓展和延伸,为医药院校提供新的发展空间。

二、建立突出医药特色的课程体系

要突出电子商务专业的医药特色,首先应建立突出医药特色的课程体系。为此,我们在多年办学经验的基础上,提出模块化教学理念。包括:经济学基础课程模块、管理学基础课程模块、计算机科学与技术基础课程模块、电子商务管理课程模块、电子商务技术课程模块和医药类课程模块。其中医药类课程模块约占专业课程学分的20%,见表4-1。

专业课程体系课程设置为:公共课、专业基础课、专业课、限选课、任选课和实践课六大类。其中公共课、专业基础课、专业课与一般院校电子商务专业的课程设置基本没有区别,突出医药特色主要是在加强限选课和实践课方面下功夫。

表 4-1 医药类课程模块(共 18 学分)

序号	名　称	学分	学时	学期	性　质
1	中医学概论	5	90	1	限选(考查)
2	基础医学概论	4	72	2	限选(考查)
3	临床医学概论	4	72	3	限选(考查)
4	药学概论	3	54	4	限选(考查)
5	药事法规	2	36	5	限选(考查)

此外,实践课分为见习和实习两大块。我院电子商务专业的实践基地安排在医药企事业单位、医院、医药公司和中药材公司见习和实习,使学生逐渐熟悉医药领域电子商务的特殊性,进一步提高他们的就业竞争力。

三、在教学中突出医药特色

要突出电子商务专业的医药特色,在建立医药特色的课程体系和设置医药课程的基础上,我们在教学环节上也有所侧重,尤其是将医药知识和电子商务知识有机融合。

(一)编写医药类理论教材

我系教职工先后编写了多部医药类经济管理教材,在一般理论的基础上突出医药行业的特点,更突显我院经管专业的医药特色。

1.《医药电子商务》简介

本书立足于电子商务的时代背景,围绕医药行业的特点及新时代的发展需求,在一般电子商务理论知识的框架体系下,突出了医药行业特色及我国医药行业开展电子商务的独特之处。本书共由十二章组成,分别是:医药电子商务概述、电子商务的内容与类型、电子商务技术基础、医药电子商务网站系统规划与建设、网络营销、电子商务的安全问题、电子货币与支付系统、医药电子商务与物流、医药电子商务的供应链管理、移动电子商务、医药企业客户关系管理、医药电子商务中的法律问题。每章开始均提供了引导案例以便将问题形象化,每章之后都附有思考题和经典案例讨论,以方便读者检验学习的效果。

本书适合高等院校电子商务及相关专业本科生使用,同时也可作为其他专业本科生以及研究生的选修课程参考用书,也可供医药电子商务的研究人员及从业人员参考。

2.《医药市场营销》简介

本书从市场营销的基本原理出发,结合医药产品的特殊性,理论联系实际,通过对医药行业的宏观营销环境和医药企业的微观营销环境分析,将医药产品在营销全过程中所应掌握的知识点逐一进行详细的介绍,并着重阐述了实际医药营销中重点的问题,如医药市场细分、医药市场定位、医药产品品牌策略、医药产品渠道策略和医药产品促销策略等,为医药营销管理者和营销人员提供较全面具有实战性和可操作性的知识。本书共十五章,涵盖导论、医药企业战略规划、医药市场营销环境、医药消费者购买行为分析、医药组织市场购买行为分析、医药市场调研与预测、医药目标市场营销、医药市场竞争性营销战略、医药产品策略、医药产品品牌与包装策略、医药产品的价格策略、医药产品的分销渠道策略、医药产品的促销策略、医药市场营销新进展、医药国际市场营销。

本书可供致力于学习研究医药市场营销专业的本专科学生、医药企业的管理者、营销人员以及医疗服务部门管理者使用,也可供社会读者阅读。

3.《药品市场营销学》

药品是全世界公认的管理最严格的商品之一,要求药品经营者必须依法经营,确保消费者用药的合理、安全。医药营销活动在很大程度上受到政策变动的制约,而不只是消费者需求的变化。非处方药的市场特性接近于其他零售市场的消费品;而对于处方药而言,其市场规律完全不同于其他任何产业。处方药的营销主要以医生为目标对象,医生在处方药的选择和决策中起重要作用,这正是药品市场营销的重要特征。与国际大型的医药企业相比,我国医药产业面临的问题不仅仅在于研发水平落后,还在于缺乏有效的营销手段和营销策略,这使得我国医药企业陷入恶性竞争的重围中,难以做大、做强。从医药行业的整体环境来看,伴随着国家药品降价方案的出台,使得医药企业的利润空间逐步缩小,招标采购制度促使药价继续下调,社会医疗保险制度的实行、国家基本药物制度的实施、医药流通领域的对外开放等情况的出现,使得医药企业呈现出精力、人力、物力都集中在市场与终端的情况,医药的营销竞争异常激烈、尖锐。

本书理论联系实际,科学性、实用性强,编写中突出了医药行业营销模式发展的最新趋势,理论更新颖,案例更精确,每章附有典型案例,极具代表性,有一定的研究价值。效用更实际,避免过度学院派风格,贴近现实,讲究实用。形式更活泼,设立知识链接和拓展模块,结构体系由浅入深、一以贯之,文字更精练准确。全书共由十章组成,药品营销:管理有价值的顾客关系、药品营销战略规划、药品市场营销环境、药品营销信息系统管理、药品市场购买行为分析;STP战略:与合适的顾客建立合适的关系、医药产品策略、药品的定价方法和策略、药品渠道策略、药品促销策略。

（二）教学内容应注意医药理论与电子商务专业课程相结合

讲授相关课程时,除介绍一般的经济学理论外,还要讲述医药行业的特点和规律,并联系医药企业的经典案例进行分析。讲授医药基础理论时,亦应多联系商务理论,在教学内容上实现电子商务专业知识和医药知识的有机结合。

第二节　经济管理软科学与信息技术硬科学的集成化

一、市场需求的复合性

根据社会所需人才来确定电子商务专业学生需具备的能力,对本专业的学生来说,是就业的一切前提,那么电子商务专业到底须具备哪些能力和知识? 在电子商务人才类型及岗位分析的基础上,我们可以从以下四个层次来分析电子商务岗位所必须具备的能力要求。

第一层,硬件层: 电子商务建立在网络硬件层的基础上。在这一层次需要了解一般计算机、服务器、交换器、路由器及其他网络设备的功能,知道有关企业网络产品的性能,如思科;懂得路由协议, TCP/IP 协议等;熟悉局域网知识,网络设计、安装、维护和管理的能力。这一层次,思科的 CCNA、CCNP、CCIE 认证在业内具有权威性。

第二层,软件层: 电子商务实施的软件平台。在这一层次涉及服务器端操作系统,数据库、安全、电子商务系统的选择,安装、调试和维护。比如微软的 Windows 操作平台上,服务器操作系统目前有 Server2003;数据库有 SQL Server;电子商务应用有 Commerce Server、Content Management Server; 安全保证有 ISA Server 等等。在这一层次,微软的诸多认证如MCSE、MCAD、MCSD、MCSA、MCDBA 等无疑对知识的掌握有帮助。

第三层,电子商务应用层。在这一层次,涉及商业逻辑,网站产品的设计、开发,比如界面设计,可能就需要 HTML、CSS、XML、脚本语言方面的知识,以及 DreamWeaver, Photoshop 等网页设计和图像处理方面的技能;如涉及网站 Web 页面的开发与后台的技术支持,需精通 ASP/PHP/CGI 3 种开发工具的一种,能够独立开发后台,精通 SQL SERVER、ACCESS,能够独立完成数据库的开发,有 1 年开发经验,能够读懂常用于 JSP 的代码,并且能够编写基本的 JSP 程序；精通 HTML 语言，完全能够手写 HTML 代码。像网站策划、网站编辑、网站开发等岗位都和这个层次有很大关联。

第四层，电子商务运营管理层。在这一层次，涉及各类商务支持人员，如客户服务，市场、贸易、物流和销售等诸多方面。熟悉网络营销常用方法，具有电子商务全程运营管理的经验；能够制定网站短、中、长期发展计划、执行与监督；能够整体把握网站及频道的运营、市场推广、广告与增值产品的经营与销售；熟悉网络，网络营销和办公软件；负责公司产品在网络上的推广；对网络营销感兴趣，并能很好的掌握电子商务及网络发展的各种理念。这个层次适合的岗位有网站运营经理或主管、网站推广、外贸电子商务、网络推销员等。

同时，据调查显示，企业对电子商务人才的素质要求可分成三个梯度：

第一梯度：计算机能力和拓展与创新能力；

第二梯度：管理能力和过往工作经验或社会工作经验；

第三梯度：实干、人际沟通能力、适应能力、知识面等。

通过对调查数据的分析，发现当企业挑选电子商务方面的人才，在第一，第二梯度素质已经得到保障的前提下，企业更多地会去考虑那个人的人际沟通能力和外语能力。而知识面和经验在这个环节也会被考虑得比较多。因此，随着社会经济的不断发展，电子商务已经发展成为一种富有活力和前景的新型信息服务业，其对高层次专门人才的渴求也越来越迫切。从目前企业拥有的电子商务专业人才状况看，专业人才数量不足，数量构成及知识结构不平衡，限制了企业电子商务的开展。企业所需电子商务人才渠道多样性，人才需求的规格要体现实用型和复合型。

二、人才培养目标上的多样化

电子商务专业立足于经贸管理学院，根据我院教学条件以及学生特点，将本专业的人才培养目标定位为培养具有良好的信息技术操作能力和扎实的经济管理理论基础的商务型、实用型、开创型信息管理和电子商务人才。

（一）总体培养目标

坚持以马列主义、毛泽东思想、邓小平理论和江泽民同志"三个代表"

重要思想为指导,体现教育要面向现代化、面向世界、面向未来的时代精神,全面贯彻党的教育方针,培养学生具有坚定正确的政治方向,热爱祖国,坚持四项基本原则,拥护和执行党的路线、方针、政策,坚持理论联系实际,积极参加社会实践,实事求是,遵纪守法,艰苦求实,热爱劳动,热爱中医药事业。使学生具有为祖国富强、民族昌盛、为中医药事业振兴而献身的精神及良好的思想品德、职业道德,能适应社会主义经济建设和现代化建设的需要,适应行业发展的需求,基础扎实、知识面宽、能力强、素质高,具有创新精神和实践能力,成为社会主义事业的建设者和接班人。

（二）专业培养目标

本专业培养具备经济管理与现代商务理论基础,掌握电子商务技术、电子商务管理的基本知识和基本技能,具有现代商务的理论基础,具有使用网络开展商务活动的能力,能在商贸领域、政府机构从事电子商务系统的设计、开发、管理等工作,基础扎实、知识面宽、综合素质高,具有创新意识和实践能力的应用型专业人才。

（三）业务培养要求

本专业学生主要学习管理、经济、计算机技术等方面的基本理论和基本知识,接受电子商务技术、电子商务管理方法和技巧方面的基本训练,具备现代电子商务操作技能,具有分析、管理、规划和设计电子商务应用问题的基本能力。

本专业学生在完成学业时,专业水平和技能应达到以下要求:

1. 知识结构要求

（1）掌握经济、管理与电子商务原理等方面基本理论知识;

（2）掌握信息科学与技术、计算机及网络的基本理论与基本知识;

（3）掌握电子商务法律法规、标准体系、发展战略、前沿学科等综合知识;

（4）了解中医药相关知识。

2. 能力结构要求

（1）具有一定的电子商务系统设计、开发、管理的应用能力;

（2）熟悉国际电子商务活动的惯例;

（3）具有较好的英语语言运用能力和借助工具书阅读专业英语书刊的能力；

（4）熟练运用计算机,掌握文献检索、资料查询的基本方法,能查阅本专业外文资料；

（5）具备开展电子商务活动、从事电子商务业务的基本能力；

（6）进一步自主获得知识的能力。

3. 素质结构要求

（1）具有良好的思想道德品质；

（2）身心健康；

（3）具有正确的人生观和价值观；

（4）具有良好的职业素质；

（5）具有良好的社会沟通与交往能力。

三、课程设置上的模块化

在课程设置上有机地将信息技术应用到经济管理当中,理论与实务并重,建立和完善包括课程理论教学、课程实验、综合实训和社会实习等多层次的,集设计开发、市场分析和管理应用的全方位教学体系。在教学内容中,要求学生具备扎实的市场调研、策划与运作等基础管理知识的同时,强化计算机网络类工具的开发设计和管理定量方法的应用。提高学生对信息化、定量化的商务管理方法和手段的掌握与应用水平,以及利用计算机网络工具规划、开发、优化商务网络站点的综合能力。

为此,我们给学生提供了模块化的课程设置,以弥补了传统教学方法的不足,更能适应社会的发展与学生的要求。本专业主要课程模块包括以下组成部分:经济学基础课程模块;管理学基础课程模块;计算机科学与技术基础课程模块;电子商务管理课程模块;电子商务技术课程模块;医药类课程模块。

不同学生可以根据自己的特点、兴趣爱好及就业倾向性,对模块内容进行自由选择。模块式教学从内容上满足了学生的要求,选取他们感兴趣的知识;此外多样化的教学方式更加激发了学生自觉主动学习的积极性,激发学生学习的兴趣,更有利于培养学生适应外向型工作的能力。课前的预习、课堂中的讨论、多种多样的教学方式都使学生有较高的积极性进行学习与思考,既巩固了基本知识,又学到了课堂学不到的东西。培养出来的学生能更好地适应电子商务企业和行业的需求。

第三节　理论与实践的集成化

电子商务专业的培养目标是给用人单位提供所需要的专业人才。每一种教学模式,无论是重技术、重商务还是复合型培养模式,都必须符合我国电子商务起步阶段的实情,在基础理论课和基础实践课安排上应该大致统一,以形成电子商务人才培养的统一标准。

一、理论环节的多元化教学

在课程开发实践中,将教学内容、教学资源、教学模式、教学手段加以整合,设计完备的立体化课程教学体系,课程理论与课程实践教学改革同步,教、学、做相结合,力争实现从"单一理论化教学"向"多元化教学、工学结合的综合职业能力培养"的质的飞跃。

（一）教学内容选取体现岗位要求

本专业课程内容的选取最大限度地源自职业岗位本身,职业岗位的客观需要,就是课程内容选取的主要依据。在课程教学内容的选取前,广泛开展相关的专家座谈、调研、参观学习、交流等,力求做到从实际岗位来,到实际岗位去。

（二）教学过程体现手脑并用

电子商务专业是实践性要求很高的专业。电子商务的技能不是理论知识背诵的结果,而是实际训练的结果。因此,教学过程在掌握必要的理论知识前提下更多地反映在实际训练上。通过软件教学平台，模拟实际应用环境，让学生更充分地动脑、动手，直观地感受各种技能的掌握与运用。

（三）考核方式体现开放性、过程化

对于学生的学习评估，不再以一纸试卷定论，而是采用不同主体、以不同方式，并以多次考核成绩作为总体样本进行综合评估。这样，既避免了学生追求"临时抱佛脚"的侥幸成绩，更重要的是可以更全面地评价学生的真实水平，对学生本人、对企业、对学校都具有共赢的正面效应。

二、实践教学环节的理论联系实际

（一）课程实验

通过软件教学平台，模拟实际应用环境，开设大量实验课（见表4-2），从一方面提高学生的解决实际问题的能力。

表4-2　电子商务专业主要实验课

序号	实验名称	课程性质	学时数	学分	学期安排							
					一	二	三	四	五	六	七	八
1	C程序设计	必修	36	1			√					
2	数据结构	必修	36	1				√				
3	统计学	必修	18	0.5				√				
4	MATLAB与管理决策	必修	30	1						√		
5	数据库原理与应用	必修	18	0.5			√					
6	计算机网络	必修	18	0.5				√				
7	电子商务系统分析与设计	必修	18	0.5							√	
8	ERP与客户管理*	必修	18	0.5						√		
9	电子商务概论*	必修	18	0.5				√				
10	电子商务案例分析	必修	12						√			
11	电子商务项目管理	限选	12						√			

注：* 为双语教学课程。

1.《C 程序设计》

实验目的：巩固课堂讲授的知识，鼓励并引导学生勤于动手、勤于思考，尽快熟悉 C 程序开发环境的使用。通过典型的上机练习题，使学生理解程序设计的主要技术特点，培养学生抽象思维和统筹规划的能力。配合理论课程的进展，指导学生完成简单应用程序的编写和调试。

实验方法：实验室上机。

2.《数据结构》

实验目的：训练学生进行较为复杂的程序设计，注意培养学生进行存储结构设计和算法设计的能力。要求学生在正确理解各类数据结构的基本概念和实现方法的基础上，编写出结构清楚、正确易读、符合软件工程规范的程序。

主要实验内容：算术表达式的计算；链表处理系统；二叉树处理系统；排序算法等。

实验方法：实验室上机。

3.《统计学》

实验目的：使学生加深理解和巩固经济统计理论知识，切实掌握各种统计分析方法在统计软件 SPSS 中的实现，并能正确解释 SPSS 的运行结果，加强对学生进行科学素质的训练。

主要实验内容：SPSS 数据文件管理、描述性统计分析、均质分析、方差分析、相关与回归分析、聚类与判别分析、因子与主成分分析、统计绘图等。

教学方法：实验室上机。

4.《MATLAB 与管理决策》

实验目的：使学生掌握 MATLAB 实验的基本思想与方法，培养学生从管理决策问题出发，借助计算机软件，通过亲自设计和动手，体验解决问题的全过程，培养学生进行数值计算与数据处理的能力。

主要实验内容：MATLAB 的常用功能、命令和函数；MATLAB 的符号函数工具箱，优化工具箱，统计工具箱；最优化方法；管理决策问题建模及求解等。

教学方法：实验室上机。

5.《数据库原理与应用》

实验目的：该课程注重教学体系的严密性、教学内容的实用性、知识体系的扩展性。通过练习，提高学生的动手能力，使学生能较熟练地在 SQL Server 数据库管理系统中实现数据管理和维护。

主要实验内容：在 SQL Server 下实现 SQL 语言的基本操作，建立、修改、删除表格等数据库对象，插入、修改、删除表格中的数据，对数据做多种查询。并熟悉使用 SQL Server 的系统工具创建数据库，用户等；连接 SQL Server 做一个简单的数据库系统。

教学方法：实验室上机。

6.《计算机网络》

实验目的：通过实验，使学生掌握局域网基本原理和组网方法，掌握 TCP/IP 协议基本原理和协议功能，掌握网络操作系统基本原理、安装与配置。掌握网络服务和应用系统构架方法，了解计算机网络技术发展的前沿技术，为培养学生在计算机网络系统的规划与构建、网络应用系统的建立与开发等方面能力打下坚实的基础。

主要实验内容：网络检测命令；局域网组建；网络服务器的安装配置与管理；DNS 配置；创建与管理 Web、FTP、DHCP 服务器。

教学方法：实验室网络观摩与上机。

7.《电子商务系统分析与设计》

实验目的：掌握识别和规划电子商务体系结构和设计系统的方法，掌握电子商务系统规划设计应用工具、电子商务系统开发工具的使用，并具有电子商务系统数据库的设计和开发能力。

主要实验内容：技术基础；分析设计；编码开发（网站页面的设计与制作、Web 服务应用、客户与服务段的应用开发）。

教学方法：实验室上机。

8.《ERP 与客户关系管理》

实验目的：理解 ERP 原理，了解 ERP 各模块的主要操作，理解企业客户关系管理、供应链管理、生产管理的基本管理思想，熟练客户关系管理的运作流程；通过实验掌握客户关系管理价值链；通过实验理解客户关系管理营销策略；通过实验掌握顾客忠诚度与顾客满意度的测评方法。模拟企业经营的过程中如何使用 ERP，为学生提供实战演练的机会，培养学生动手能力，提高学生的综合素质，以满足社会需要。

主要实验内容：ERP 系统模块学习；系统基础设置；客户信息管理；客户互动与服务中心管理；销售活动与业务管理；数据管理与挖掘。

教学方法：实验室上机。

9.《电子商务概论》

实验目的：掌握医药电子商务基本技能，达到具备初步从事医药电子商务实际工作的业务能力。

主要实验内容：医药电子商务网站注册与基础；电子商务模型；医药电子商务环境；医药网络营销；电子商务金融；电子商务安全；医药电子商务物流。

教学方法：实验室参观、上机。

10.《电子商务案例分析》

实验目的：深入学习医药电子商务运营模式、运营方法，领悟电子商务在企业中的应用，体验医药电子商务创业。

主要实验内容：网店分析；医药领域电子商务案例分析。

教学方法：实验室上机。

11.《电子商务项目管理》

实验目的：使学生掌握项目管理的基本概念以及应用项目管理软件进行项目管理的基本技能，包括如何构建多层项目所需的基本任务，以及这些任务之间的逻辑关系，工作分解结构，各项任务的工期、资源分配等，形成一个初级项目计划，并跟踪项目，调整和优化项目计划等，培养学生综合运用项目管理软件的能力。

主要实验内容：运用 Microsoft Project 软件制订项目进度计划、项目成本计划、项目资源计划等，使学生能够熟练应用项目管理软件进行实际项目的管理工作。

实验方法：实验室上机。

（二）校内实训

除了虚拟实验平台的实践外，我院电子商务专业还开设了相关的实践教学环节（见表4-3）。

表4-3 电子商务专业主要实践教学环节

实践教学环节名称	主要内容	课程性质	学时数	学分	学期安排								备注
					一	二	三	四	五	六	七	八	
电子商务业务实训1：网络技术应用	计算机网络接入以及网络管理	必修	18	0.5						√			
电子商务业务实训2：电子商务模式应用及网络营销	分析交易过程及盈利模式、网络营销策划	必修	18	0.5							√		
素质拓展		必修		≥6					√				
毕业实习（含论文）		必修		15								√	

1. 电子商务业务实训

在掌握了各门专业课程的理论和实践操作基础上，通过电子商务业务实训的练习，使学生能将所学的各门课程知识和实践操作综合起来应用，来解决在企业开展和应用电子商务的实际问题；培养学生综合分析能力、独立解决问题的能力和表达能力。主要实践内容包括计算机网络接入方案、电子商务模式应用、网络营销战略分析、安全证书等的使用。

2. 素质拓展

素质拓展包括学生参加科研课题、发表论文、参加各级各类学习竞赛、专题讲座与学术报告等，共6学分。学院每学期定期安排一定数量的学术报告和专题报告。另外为尊重学生个性，充分发挥学生的主观能动性，学院还将鼓励学生积极参加各类竞赛，进行创业、发明或参与各种技能鉴定考试，并给予相应学分。

3. 毕业实习

在实习中使学生深入地了解与电子商务相关的工作及重要作用,熟悉电子商务和主要工作内容,了解在实际工作中如何进行有关电子商务方面的业务活动,推进企业单位的电子商务系统建设。让学生对所学专业的意义和特点有更为全面的认识。帮助学生进一步消化,补充和巩固已学到的专业理论知识。通过实践环节,检查学生对所学知识的理解程度,掌握程度和实际应用能力;检查学生与毕业论文(设计)有关的各项准备工作的计划性和完善程度。有针对性地锻炼学生观察问题,分析问题和解决问题的能力,促进学生将所学理论与实践相结合,培养他们脚踏实地,扎扎实实的工作作风,为今后较顺利地走上工作岗位打下一定的基础。

(三)社会实践

包括校内实习基地建设和校外实习基地建设两个方面,旨在逐步实现实验实践项目与社会经济活动紧密接轨。

1. 校内实习基地建设

(1)利用校外网络平台:学校提供创业基金或者鼓励学生在校期间自己创业,教师指导学生直接在淘宝网、易趣网等大型网站开设网店。通过自己建店,使学生了解开设网上商店的必备条件和操作流程,掌握网上银行如何实现电子支付的功能及各商务平台使用的支付工具,训练学生自行建店、管店、与客户沟通、商务宣传等各方面的能力。

(2)创建校内网络平台:学校在校内自己创建或者校企合作开发校园网上商城,打破传统课堂教学和实验室训练为主的教学形式,学校机房开放,采用导师辅导制度这种完全开放式的教学形式把学生分为两部分实践。

①校园网上商城管理机构:这部分学生主要负责网上商城管理,完成店铺审批、信用评价、交易监督管理、商城网络系统维护等工作,并根据消费者和商家的反馈信息及时调整商城的经营策略与方针,为客户提供更好的服务。

②校园网上商城店家:这部分学生可以在这个基于互联网的开放性平台上购物、拍卖、自行开店。要求学生独立完成校内市场调研、商品采购、价

格划定、店铺注册、市场营销、物流配送、财务核算等工作。

通过这两种方式,学生有了亲身的经验,兴趣高,效果好,也为今后学生自主创业做好前期准备或铺垫。

2. 校外实习基地建设

学校继续加强校企合作,实现优势互补、资源共享,让学生有机会在真实的环境中去体验电子商务,提高学生解决实际问题的能力。比如创建淘宝创业实训基地,建立实训全真实验室,与淘宝网等企业校企合作共同培养网店运营专才。实训学生通过国家考试认证,再由淘宝网等合作机构直接安置实习就业。课外教学方面,学校联系周边的电子商务企业,聘用这些企业的电子商务从业人员作为兼职指导老师对就业中的专门化方向进行有针对性的指导,也可以考虑安排学生去这些单位做一些间隙性的实习。加强工学结合下的实践教学模式探索和研究,强化学生实践能力培养。

在校系的支持和教职工的共同努力下,我院电子商务专业已经开辟了包括无锡市明山医用软件工作室、常熟市明达科技发展有限公司、南京商友资讯电子商务应用研究所、江苏康缘药业、苏州医疗用品厂有限公司、江苏先声药业有限公司、扬子江药业集团南京海陵药业有限公司、苏州华葆药业有限公司、江苏苏中药业集团股份有限公司、江苏天际药业有限公司等校外实践教学基地,采取"工学结合,理论实践双循环"的模式开展教学。

3. 定期举办技能大赛

定期举办医药电子商务技能大赛不仅可以把专业知识、就业知识、投资意识、创新意识、风险意识融入校园学生文化活动中,开拓视野;还可以加深对所学专业知识的理解,重新定位自己的职业生涯规划。在举办技能大赛期间,还可以邀请相关企业充当赞助商,一起举办医药电子商务技能大赛,评选优秀选手。不仅增加学生兴趣,锻炼和培养学生的职业技能,还可以推进校园文化与社会交往的互动,让更多的企业增加对学生的了解,不断提高毕业生的就业竞争力。

第四节 双语教学与国际化需求的集成化

在中国加入世界贸易组织以后,中国与外部世界的政治、经济、文化交往越来越频繁,各行各业与国际接轨的步伐逐步加快,我国迫切需要掌握专业知识又掌握专业外语的高素质、复合型人才。为了培养国际化高层次人才,教育部于 2001 年颁布了《关于加强高等学校本科教学工作提高教学质量的若干意见》,明确提出要在高校积极推动使用英语等外语进行专业教学。此后教育部在 2003 年《高等学校教学质量与教学改革工程纲要》及2005 年《关于进一步加强高等学校本科教学工作的若干意见》中多次强调推进双语教学,以期培养高素质、复合型人才,实现我国高等教育的可持续发展。从此全国高校陆续开展本科双语教学,高等医药院校也不例外。

一、电子商务专业的办学历史

我院的电子商务专业源于 20 世纪 90 年代中期我校开设的国际经济与贸易专业。2001 年与澳大利亚西悉尼大学联合开办了国际经济与贸易(电子商务)专业方向,开创了"3+1"(3 年国内培养,1 年国外留学)的电子商务人才培养新模式。自 2001 年以来,学院相关教师全程参与了学校与澳大利亚西悉尼大学联合开办的国际经济与贸易(电子商务方向)的教学和管理工作,在此过程中接受了国外先进教育理念的熏陶,提高了课程教学水平和双语教学能力。此后,又和斯威本科技大学进行了良好的中外合作办学。

学院非常注重学生综合能力尤其是动手能力的培养,为配合电子商务专业课程的实验教学,学院于 2007 年组建了电子商务实验室,配备了电子商务、企业管理、市场营销、ERP 等教学软件,总投入达 300 多万元。

电子商务专业方向的招生人数逐年递增,在 2003、2004 每年约 120 人,到 2005、2006 年稳定在 140 人, 2007、2008、2009、2010、2011 年均突破 160 人。同时,教学工作进展顺利,一方面引进了一批高学历、高职称的教师队伍,另一方面澳方教师承担了大量英语基础及专业课程的教学,这些都为我校电子商务专业的建设奠定了基础。

二、电子商务专业的积极探索

在巨大的社会需求和成熟的办学背景下,我院的电子商务专业开设了大量的双语课程(表 4-4),并就医药院校经管类课程的双语教学进行了大量积极的探索。

表 4-4 双语类课程模块(共 20.5 学分)

序号	名 称	学分	学时	学期	性 质
1	管理学	2.5	54	1	必修(考试)
2	市场营销学	3	54	5	必修(考试)
3	电子商务沟通技巧	3	54	5	必修(考试)
4	电子商务概论	2.5	54	3	必修(考试)
5	电子商务物流与供应链管理	2.5	54	3	必修(考试)
6	网络营销	1.5	36	6	必修(考试)
7	信息技术与网络经济	3	54	6	必修(考试)
8	ERP 与客户关系管理	2.5	54	6	必修(考试)

(一)准确界定高等医药院校经管类双语教学的概念

双语教学有多种解释,包括:①沉浸型双语教学模式:学校使用一种不是学生母语的语言进行教学;②保持型双语教学模式:学生刚进入学校时使用母语,然后逐渐使用第二语言进行部分学科的教学,其他学科仍使用母语教学;③过渡型双语教学模式:学生进入学校以后部分或全部使用母语,然后逐步转变为只使用非母语的第二语言进行教学。不同院校采用不同的定义进行教学,有学者认为我国高等医药院校的双语教学属于上述界定中的保持型双语教学。

但日前中国高校专业教师和学生的英语水平普遍不足于见面交流,进行全英文授课更不现实。医药院校的课程比其他专业的课程更为繁重,教师和学生的时间和精力有限,更难以单独用英语来上专业课。因此,通过多年实践总结,高等医药院校双语教学的定义不适于照搬上述界定的任何一种,应该重新定义为"在课堂上使用汉语和英语穿插讲授专业课"的教学。

（二）培养合格的教师和学生

教师和学生的公共英语水平是影响双语教学最重要的因素。由于我国的英语教学主要是为了考试,重点在语法和阅读,对口语和听力的训练较少,所以基本上是"哑巴英语",听不懂别人说,也不能把自己所做所想表达出来,交流起来相当困难。公共英语如此,经管专业英语的情况就更难乐观。经济管理涉及的学科繁多,如经济学、管理学、营销学、物流等包含了大量的专业词汇,公共英语教师难以担当这些课程的教学。日前医药院校的教师,对各自专业英语文章基本能读,少部分能写,但能像母语那样交流的很少。这样的师资队伍来教双语是很困难的,教学效果也不理想。

而且我校电子商务的学生通常是二本生,英语水平普遍不高。另一方面学生的英语水平参差不齐,大城市生源很早就开始学习英语,水平相对较高,而农村、偏远山区来的学生甚至高中才开始学习英语,完全是应付考试,听力和口语比较差。教师和学生公共英语水平欠缺是目前双语教学效果普遍不好的原因。早几年开展的双语教学,经教学督导组评估发现教学效果甚微。为此,我们总结出一套激励措施。

1. 教师的培养和激励

要搞好双语教学,首先要有合格的教师。双语教学的师资历来是阻碍双语教学发展的一个重要因素。对于经管类专业课的双语教学来说,要求教师必须具备经济学科的背景,同时又能灵活、准确地运用英语去讲授课程,去和学生进行沟通和交流。

（1）对于双语教学师资资格和学历背景的认定是非常关键的。首先,应当具备较高的经济专业水平;其次,其英语水平应当达到一定的标准。

（2）而对于学院目前现有的师资来说,参加培训和学术交流是非常有必要的。第一,同课程双语教学师资之间定期开展教研活动。这样不仅能够就专业问题进行沟通,还能就双语教学的方法、效果以及授课过程中存在的问题进行讨论,逐步改进。第二,跨学校进行考察学习,接纳新鲜的教学方法和理念。向成功开展双语教学的学校学习,进行实地考察,向有经验的教师请教相关的问题,有利于提高自身的授课水平。第三,给予双语教学师资海外学习交流的机会。能在英语环境的国家进修深造,对于提高双语教学水平有较为直接的帮助,能在短时间内提高教师英语表达力和听力。

多年来,学院坚持培养和引进并重,注重师德教育和业务水平的提高,不断提高学科专业师资队伍建设,逐步建立了一支年龄结构、学历结构、职称结构、学缘结构合理,学术水平高的精干、高效、创新、敬业的师资团队。电子商务现有专业教师 11 人,其中教授 1 人,副教授 1 人,具有博士学位的教师 5 人,正在攻读博士学位的教师 6 人,有海外留学、进修背景的 5 人。部分教师在 University of Colorado Colorado Springs 、University of California Riverside、Swinburne University of Technology、University of Virginia 等国外知名大学学习,并与这些学校一直保持着密切的合作关系。这些都给我院电子商务专业双语教学的顺利开展提供了坚实的基础。

2. 学生的分层次双语教学

学生的英语接受能力也是影响双语教学效果至关重要的部分。在学生入学时,先加强公共英语教学,特别是强化听、说技能。对于学生英语水平较低和参差不齐的情况,根据学生情况进行分阶段、分层次的双语教学。

(三)选择匹配的经济类专业课双语教材

经济类专业课的英文教材分为两类:一类是国外原版的经济类教材,另一类是国内编写的英文教材。这两类教材分别有自身的特点与不足,因此在选取教材时应当结合学生与教学主要目的进行选择。国外原版的经济类教材语言缜密,对问题的讲解深入浅出,有些问题国内的教材只用一节的篇幅去叙述,而国外的教材却要用上几章的篇幅去讲。国内的英文教材与教学进度紧密相连,能够保证在规定的时间内讲完或大部分讲完课本的知识。所以在选择教材的时候需要根据实际情况教学选择,国外的教材适合学生在教师的指导下自学,应用于高年级和研究生阶段比较合适;国内的英文教材适合低年级学生学习专业课时使用。

（四）适时调整双语教学的课堂授课模式

纯英语教学,实践证明大部分教师和学生都吃不消,因此效果不好。汉（语）英（语）混用才是合适的医药双语教学的基本授课模式。对新内容、专有名词、核心内容等较复杂或必须准确掌握的内容,先用汉语讲透,再用英语重复,使学生对讲授内容有一个准确的理解,且有利于听懂英语。在听完英语后,既对教学内容加深了印象,又学到了专业英语。在回忆上节内容、引出本节内容、总结小节内容以及习题等环节可先用英语讲解,再用汉语重复。也可以在某些内容只用英语讲解,在另一些内容只用汉语讲解,视学生反应、内容特点、讲解习惯等而定。英、汉比例以1:1较合适。从实施效果看,如果语言搭配得当,学生既能熟悉英语课堂的常用语句,又能对专业知识有很好的理解。

双语教学的最终目标是既学好专业知识又学好专业英语。但是,如果在两者不能兼得的时候,应以学习专业知识为主,不能为了学习英语影响了专业知识的学习。

（五）严格监督和管理双语教学过程

1. 课堂教学评价

双语教学的过程和教学效果都需要监控。我校教学督导组根据课堂评价指标对双语教学过程进行经常性评价和督导,规范了我校的双语教学活动,保证了教学质量。这些标准包括8条,见表4-5。

表4-5　双语教学评价表

评价指标	比重	课程得分
双语教学教案、讲稿规范,英语占 20%～50%	15	
多媒体课件中英语占 20%～50% ,无错误	15	
学生有双语教材或相应的参考资料	10	
英语教学内容和教学时间占 20%～50%	15	

评价指标	比重	课程得分
英语表达能力强,发音准确、流畅	10	
主要专业名词有相应的英语词汇,解读准确、清楚	10	
能适当采用英语提问,课堂气氛活跃	10	
适合学生的接受能力,达到双语教学的教学要求,促进学生理解和掌握专业知识	15	

评分要达到 60 分以上才算及格, 60 分以下应暂停双语教学并进行整顿,提高后才能恢复双语教学。

2. 考试成绩分析

此外,还依靠考试对双语教学的效果进行检查和监控。考试中采用全英语试题,要求全英语答卷。并通过对双语课程的考试成绩分析,对课程的教学效果进行实时的动态监控。

总之,多年的双语实践教学经验证明,对高等医药院校的经管类课程双语教学来说,其概念应该定义为"在课堂上使用汉语和英语穿插讲授专业课",其教师和学生应该经过严格筛选和分层,其课堂授课模式应该调整为"以英(语)汉(语)混用",其教学效果需要以"双语教学课堂评价指标"进行经常性监控,才能建设合格的医药院校经管类双语教学课程,切实提高双语教学的质量。

>>>>>> 第五章

电子商务学科知识和课程体系

　　本专业学生主要学习管理、经济、计算机技术等方面的基本理论和基本知识,接受电子商务技术、电子商务管理方法和技巧方面的基本训练,具备现代电子商务操作技能,具有分析、管理、规划和设计电子商务应用问题的基本能力。

　　本专业主干课程包括:管理学*、西方经济学、C程序设计、数据结构、数据库原理与应用、市场营销学*、电子商务沟通技巧*、MATLAB与管理决策、博弈论与信息经济学、管理研究与定量分析方法、电子商务概论*、电子商务案例分析、电子商务物流与供应链管理*、网络营销*、信息技术与网络经济*、ERP与客户关系管理*、电子商务系统分析与设计、人力资源管理、电子商务项目管理、电子政务、网上银行与电子支付、电子商务安全管理、电子商务与云计算等。

　　本专业主干课程按照学科进行模块分类,具体分为6个模块。本专业主要课程模块包括:经济学基础课程模块、管理学基础课程模块、计算机科学与技术基础课程模块、电子商务管理

注:带*号的为双语教学课程。

课程模块、电子商务技术课程模块和医药类课程模块。经济学基础、管理学基础及计算机科学与技术基础课程模块为专业学习及研究奠定基础。电子商务管理课程模块培养学生掌握电子商务的经营方法和技能,具有调查研究和分析、解决电子商务实际问题的能力。电子商务技术课程模块培养学生掌握一定的电子商务系统设计、开发、管理的应用能力。医药类课程模块体现医药专业特色的培养目标(见表 5-1~ 表 5-6)。

表 5-1 经济学基础课程模块(共 8.5 学分)

序 号	名 称	学分	学时	学期	性 质
1	统计学	2.5	54	4	必修(考查)
2	西方经济学	3	54	2	必修(考试)
3	博弈论与信息经济学	3	54	6	必修(考试)

表 5-2 管理学基础课程模块(共 11.5 学分)

序 号	名 称	学分	学时	学期	性 质
1	管理学 *	2.5	54	1	必修(考试)
2	会计学原理	3	54	2	必修(考试)
3	系统工程	3	54	4	限选(考查)
4	MATLAB 与管理决策	1	36	6	必修(考查)
5	运筹学	2	36	4	限选(考查)

表 5-3 计算机科学与技术基础课程模块(共 18 学分)

序 号	名 称	学分	学时	学期	性 质
1	C 程序设计	3	72	3	必修(考试)
2	数据结构	3	72	4	必修(考试)
3	数据库原理与应用	2.5	54	3	必修(考试)
4	计算机网络	2.5	54	4	必修(考试)
5	Java 程序设计	2.5	54	5	必修(考试)
6	Web 程序设计与应用	2.5	54	6	限选(考查)
7	多媒体技术	2	54	4	限选(考查)

表 5-4 电子商务管理课程模块（共 19.5 学分）

序 号	名 称	学分	学时	学期	性 质
1	电子商务概论 *	2.5	54	3	必修（考试）
2	电子商务案例分析	1.5	36	5	必修（考查）
3	信息技术与网络经济 *	3	54	6	必修（考试）
4	电子商务项目管理	3	54	7	限选（考查）
5	电子商务物流与供应链管理 *	2.5	54	5	必修（考试）
6	网络营销 *	1.5	36	6	必修（考查）
7	电子商务沟通技巧 *	3	54	5	必修（考查）
8	ERP 与客户关系管理 *	2.5	54	6	必修（考试）

表 5-5 电子商务技术课程模块（共 9.5 学分）

序 号	名 称	学分	学时	学期	性 质
1	电子商务系统分析与设计	2.5	54	7	必修（考试）
2	电子商务与云计算	1	18	6	限选（考查）
3	电子商务安全管理	2	36	7	限选（考查）
4	数据挖掘	2.5	54	6	限选（考查）
5	网上银行与电子支付	1.5	36	5	限选（考查）

表 5-6 医药类课程模块（共 18 学分）

序 号	名 称	学分	学时	学期	性 质
1	中医学概论	5	90	1	限选（考查）
2	基础医学概论	4	72	2	限选（考查）
3	临床医学概论	4	72	3	限选（考查）
4	药学概论	3	54	4	限选（考查）
5	药事法规	2	36	5	限选（考查）

以下是对电子商务专业的主干课程的部分介绍：

一、管理学 *

课程名称：	管理学 *	英文名称：	Management*
课程类别：	必修课	课程类型：	专业课
课程学分：	2.5	课程总学时：	54
实验(实训)学时：	18	开课单位：	经贸管理学院
教研室：	电子商务技术	课程负责人：	卞琦娟

（一）教学内容

本课程是一门系统地研究管理活动普遍规律、基本管理和一般方法的专业基础课，具有一般性、多学科性、复杂性和很强的应用性。本课程使学生理解组织内部的运作方式，掌握管理活动的基本原理、理论、方法和技巧，通过理论联系实际，培养他们观察管理活动现象、分析管理活动本质、解决管理实践问题的能力；掌握管理学的基本原理、理论、方法和技巧；理解管理活动的性质、职能和流程；培养对管理活动现象与本质的观察力与分析力；培养理论联系实际、运用管理学工具，解决实际问题的能力；培养系统思维、逻辑思维和权变思维的能力；培养沟通、协调和领导的基本能力；培养变革与创新的能力。学完本课程后，学生应获得以下几个方面的知识和能力：掌握管理学的基本理论、基本知识；了解管理学科理论前沿和发展动态；能较好地运用管理工具分析和解决实际问题；掌握管理学的定性、定量分析方法，管理的艺术与技巧；掌握文献检索、资料收集与查询的基本方法，具有科学研究和实际工作能力。

（二）教学方法

本课程为双语课程，采用经典的英文版教材，双语教学。教学形式主要有理论课、实验课和指导性自学。理论课以老师讲授为主，辅以多媒体教学，课堂讨论等。实验课主要包括：案例分析、专题讨论和小型专题调研，以学生查阅资料、讨论、研究为主，老师担当着说明、辅助、指导、主持和汇总的角色，通过实验课加深对课本的理解。指导性自学以老师指导和学生自学为主,通过老师在课堂上提出的精心设计的思考题、讨论题,指导和启发,为学生指明学习思路和方向。学生根据老师要求,充分发挥自主学习的积极性,并能够在自学过程中提出问题和见解,待以后教学环节中交流解决。

（三）实验安排

本课程共有 18 课时的实验课,学生需要完成 3 个实验。分别为:1 次案例分析、1 次专题讨论和 1 次管理研究方法学习。案例分析由教师在实验课之前预先布置案例,学生在预习案例后于实验课上以 6 人左右为一小组进行讨论并形成书面报告(作业),各小组派代表在课堂上进行介绍并互相提问与答疑。老师最后进行归纳小结和点评。专题讨论:由教师提出命题,围绕当前国内外管理理论的发展尤其是国内管理的热点问题,学生分组预先查阅文献,形成书面报告(作业),在课堂上进行讨论,同学之间可以互相提问和点评,最终由老师归纳总结,形成结论。管理研究方法学习·由老师与学生共同探讨确定研究小课题,由学生团队(5 人左右为一组)自己寻找研究方法进行小型研究,形成小调研报告。

（四）学时分配

本课程共 54 课时,其中 30 课时理论讲授,18 课时实验见习,6 课时指导性自学。理论课主要讲解管理的历史,介绍国际管理理论发展的历程及重要贡献,主要的内容还包括组织文化与环境、全球环境中的管理、社会责任与管理道德、管理的计划职能(含制定决策、计划的基础、战略管理和计划的工具和技术)、管理的组织职能(含组织结构与设计、管理沟通与信息技术、人力资源管理、变革与创新管理)、管理的领导职能(含行为的基础、理解群体与团队、激励员工、领导)及管理的控制职能(含控制的基础、作业及价值链管理、控制的组织绩效等)。实验课主要包括 3 个实验内容。指导性自学由老师根据课堂内容布置学生去图书馆或者利用网络资源查阅相关材料,并完成老师要求的学习任务。

（五）考核评价

本课程考核方式为考试。本课程最终成绩由课堂讨论及考勤(15%)、平时作业或实验成绩(35%)和期末考试成绩(50%)组成。

二、市场营销学 *

课程名称：	市场营销学	英文名称：	marketing
课程类别：	必修课	课程类型：	专业基础课
课程学分：	3	课程总学时：	54
实验（实训）学时：	0	开课单位：	经贸管理学院
教研室：	电子商务基础	课程负责人：	陈娜

（一）教学内容

市场营销学是一门建立在经济科学、行为科学和现代管理理论之上的应用科学。本课程的目标是为了使学生了解和掌握市场营销的基本原理和方法，并具备在不同的营销环境下有效运用营销方法的能力，培养学生的现代营销观念和现代市场意识，提高学生分析和解决现实营销问题的技能。

（二）教学方法

本课程是双语课程，采用经典的英文版教材，双语教学。教学形式主要有理论课和指导性自学。理论课以老师讲授为主，辅以多媒体教学、课堂讨论、案例分析、角色扮演等。指导性自学将老师指导和学生自学相结合，通过老师在课堂上提出精心设计的思考题、讨论题，给学生以指导和启发，为学生指明学习思路和方向。学生根据老师要求，充分发挥自主学习的积极性，并能够在自学过程中提出问题和见解，待以后教学环节中交流解决。

（三）学时分配

本课程共54课时，其中48课时理论讲授，6课时指导性自学。理论课主要讲解市场营销概述、市场营销环境分析、市场调查、消费者行为分析、市场细分目标市场和市场定位、产品策略、价格策略、渠道策略等。指导性自学由老师根据课堂内容布置学生去图书馆、利用网络资源查阅相关材料，或者实地调研，完成老师要求的学习任务。

（四）考核评价

本课程考核方式为考试。本课程最终成绩由课堂讨论及考勤（20%）、课程作业（20%）和期末考试成绩（60%）组成。

三、电子商务沟通技巧 *

课程名称：　　电子商务沟通技巧 *

英文名称：　　Communication Skills of E-Commerce

课程类别：　　必修课　　　　　课程类型：　　专业基础课

课程学分：　　3　　　　　　　课程总学时：　　54

实验（实训）学时：　0　　　　开课单位：　　经贸管理学院

教研室：　电子商务基础　　　课程负责人：　　陈　娜

（一）教学内容

沟通技巧是　门发展中的学科，也是一门应用性较强的学科。特别是电子商务沟通技巧，是一门新型的交叉学科。该课程分为两个层面，首先，通过沟通的基本理论、基本技巧和技能的系统讲解，使学生建立基本的沟通意识，并掌握基本的沟通技能。其次，结合电子商务特色，了解和掌握电子商务企业中从业人员应当具备的商务沟通知识和能力，如何在电子商务大环境下与客户、领导、同事建立良好的关系。总之，希望通过该课程的学习，能使同学们在学习、工作、生活中有意识地运用沟通的知识和理论，达成有效的人际交往和商务沟通效果。

（二）教学方法

本课程是双语课程，采用经典的英文版教材，双语教学。教学形式主要有理论课和指导性自学。理论课以老师讲授为主，辅以多媒体教学、课堂讨论、案例分析、角色扮演等。指导性自学将老师指导和学生自学相结合，通过老师在课堂上提出精心设计的思考题、讨论题，给学生以指导和启发，为学生指明学习思路和方向。学生根据老师要求，充分发挥自主学习的积极性，并能够在自学过程中提出问题和见解，待以后教学环节中交流解决。

（三）学时分配

本课程共 54 课时，其中 42 课时理论讲授，12 课时指导性自学。理论课主要讲解电子商务沟通概述、倾听、面谈、招聘与求职、非语言沟通、组织沟通、会议沟通、危机沟通、书面沟通、压力沟通、跨文化沟通等内容。指导性自学由老师根据课堂内容布置学生去图书馆或者利用网络资源查阅相关材料,并完成老师要求的学习任务。

（四）考核评价

本课程考核方式为考试。本课程最终成绩由平时成绩、课后作业、报告、演示和期中考试 5 个部分组成。其中平时成绩、课后作业、报告和演示分别占最后总成绩的 10%,期末考试占最后总成绩的 60%。

四、MATLAB 与管理决策

课程名称：	MATLAB 与管理决策		
英文名称：	MATLAB and Management Decision		
课程类别：	必修课	课程类型：	专业基础课
课程学分：	1	课程总学时：	36
实验（实训）学时：	30	开课单位：	经贸管理学院
教研室：	电子商务技术	课程负责人：	杨 莉

（一）教学内容

本课程结合了管理决策优化理论、模型与 MATLAB 编程的内容。本课程由基础工具篇、基础理论篇、基础实验篇、综合应用篇和案例分析篇五部分组成。主要内容包括：MATLAB 基础编程知识,MATLAB 优化工具箱、线性规划模型构建与 MATLAB 求解、整数规划模型构建与 MATLAB 求解、0.1 规划模型构建与 MATLAB 求解、目标规划模型构建与 MATLAB 求解、非线性规划模型构建与 MATLAB 求解、动态规划模型构建与 MATLAB 求解、运输问题 MATLAB 求解、指派问题 MATLAB 求解、确定性存储模型构建与 MATLAB 求解。

通过本课程的教学,要求学生掌握 MATLAB 编程的基本知识和优化工具箱的使用,培养学生自主分析和解决问题的能力,以及帮助学生完成如何对管理中所遇到的决策问题进行归纳概括、挖掘数据、建立数学模型、利用计算机软件求解、对结果进行可行性分析等一系列决策工作。

（二）教学方法

教学形式主要有实验课和指导性自学。实验课时间分为两部分，前半部分时间由老师通过多媒体和计算机实际操作演示，进行知识点讲解；后半部分时间让学生动手做课堂作业，进行课堂讨论等。每次实验课都会针对本次课程内容布置课堂作业和课后作业，课后作业需写一份实验报告上交，实验报告包括具体的模型及求解的 MATLAB 程序、运行的结果以及结果分析。老师会在下一次实验课的前半部分时间内对课后作业进行点评。实验课后半部分以学生写课堂作业为主，老师担当着说明、辅助、指导的角色，通过课堂作业和课后作业加深学生对课本知识的理解。指导性自学以老师指导和学生自学为主，老师事先在课堂上提出思考题和讨论题，学生课后根据老师要求，充分发挥自主学习的积极性，自主完成并能够在自学过程中提出问题和见解，待以后教学环节中交流解决。

（三）实验安排

本课程共有 30 课时的实验课，学生需要应用 MATLAB 软件完成相应的编程。实验内容包括：MATLAB 基础编程知识、性规划模型 MATLAB 求解、整数规划模型 MATLAB 求解、0.1 规划模型 MATLAB 求解、目标规划模型 MATLAB 求解、非线性规划模型 MATLAB 求解、动态规划模型 MATLAB 求解、运输问题 MATLAB 求解、指派问题 MATLAB 求解、确定性存储模型 MATLAB 求解。

（四）学时分配

本课程共 36 课时，每次 3 课时，跨度 12 周，其中 30 课时实验课，6 课时指导性自学。每次实验课前半部分以老师讲解为主，后半部分由学生自己编程做实验，老师辅导、答疑。指导性自学由老师根据课程需要布置实验作业，学生课后完成，并上交实验报告。

（五）考核评价

本课程考核方式为考查。本课程最终成绩由平时成绩 40%（考勤、课堂问题回答、课堂作业）、课后作业 30% 和期末实验报告 30% 组成。

五、博弈论与信息经济学

课程名称：	博弈论与信息经济学		
英文名称：	Game and Information Economics		
课程类别：	必修课	课程类型：	专业课基础
课程学分：	3	课程总学时：	54
实验（实训）学时：	0	开课单位：	经贸管理学院
教研室：	电子商务基础	课程负责人：	肖增敏

（一）教学内容

最近 20 多年来，经济学经历了一场博弈论革命。1994 年度的诺贝尔经济学奖授予三位博弈论专家，就是一个标志，也更激发了人们了解博弈论的热情。伴随着世界经济一体化的发展，人们对"零和博弈"、"囚徒困境"、"双赢对局"等博弈论术语耳熟能详。当代"最后一个经济学全才"保罗．萨缪尔森教授说，要想在现代社会做一个有文化的人，就必须对博弈论有一个大致了解。经典意义上的经济学，基本上是经济主体人面对市场作出自己的最优决策。而现代经济活动早已超出这个模式，特别是当主体人不但面对市场而且面对其他作为竞争对手的主体人的时候，主体人决策的后果要由他自己的决策和他的对手的决策共同决定。博弈论正是对利益关联的主体人的对局理论进行研究，分析人们在博弈中理性行为的理论，是讨论人们在博弈的交互作用中如何决策的理论。

为了适应本科生的特点，本课程通过通俗有趣的例子和故事学习博弈论的基本理论和方法，培养学生的理性逻辑思维能力。主要内容包括：博弈论基本概念和基本方法、完全信息静态博弈、完全信息动态博弈以及简单的不完全信息静态博弈、信息经济学的初步内容等。学习本课程的目的在于使经济管理类学生掌握博弈基础原理、分析解决管理问题的基本方法和基本技能，为毕业后从事企业、事业等单位的管理工作奠定良好的素质基础。

（二）教学方法

本课程是双语课程,采用经典的英文版教材,双语教学经济管理专业的基础课。教学形式主要有理论讲授、课堂讨论、课堂角色模拟和指导性自学等。理论讲授则以老师讲授为主,辅以多媒体教学、案例分析等。课堂讨论贯穿于课堂理论讲授过程中,通过学生不同观点的讨论加深对理论学习的深入理解和应用能力的提高。课堂角色模拟是针对比较难于理解的博弈理论通过给学生设置不同角色,学生在角色参与中作出策略选择从而从微观上理解理论在宏观上的指导意义。指导性自学以老师指导和学生自学为主,学生根据老师围绕某个主题精心设计的思考题、讨论题等通过查找资料、相互讨论、现场调研等方法作出小组分析结论,在教师指导和启发下,加深对知识的理解和掌握。

（三）学时分配

本课程共 54 课时,其中 48 课时理论课,6 课时指导性自学。理论课主要通过教师引导学生讨论以及案例分析等讲授完全信息静态博弈、完全信息动态博弈、不完全信息静态博弈、不完全信息动态博弈以及重复博弈、进化博弈和合作博弈。每部分内容均包含实践案例引导、模型构建以及纳什均衡分析和应用。指导性自学由老师根据课堂内容布置学生去图书馆或者利用网络资源查阅相关材料,并完成老师要求的学习任务。

（四）考核评价

本课程考核方式为闭卷考试,考核内容侧重于学生对知识的理解以及理解基础上的灵活运用。本课程最终成绩由课堂讨论及考勤、平时作业（40%）和期末考试成绩（60%）组成。

六、管理研究与定量分析方法

课程名称：	管理研究与定量分析方法		
英文名称：	E-commerce Project Management		
课程类别：	必修课	课程类型：	专业课

课程学分：	3	课程总学时：	54
实验（实训）学时：	0	开课单位：	经贸管理学院
教研室：	电子商务技术	课程负责人：	杨 莉

（一）教学内容

本课程围绕管理研究的理论、方法和程序，从方法论、研究手段和具体研究方法等不同层面，系统阐述了管理研究命题、研究设计、研究文献阅读、研究资料收集、定量分析方法以及研究论文的撰写等内容。本课程引用了大量的研究案例，并以 SPSS、LISREL、Matlab 等统计软件包为工具，深入细致地介绍了它们在管理研究中的操作方法。

通过本课程的教学，要求学生初步掌握规范研究方法、实证研究方法，能够在毕业实习和毕业论文中应用这些方法进行定性分析和定量分析，并为今后的工作打下应用基础。本课程的前续课程为管理学和统计学。

（二）教学方法

教学形式主要有理论课和指导性自学。理论课以老师讲授为主，辅以多媒体教学、课堂作业、课堂讨论、案例分析、学生讲解加老师点评等。指导性自学以老师指导和学生自学为主，通过老师在课堂上提出的精心设计的思考题、讨论题，指导和启发，为学生指明学习思路和方向，学生根据老师要求，充分发挥自主学习的积极性，并能够在自学过程中提出问题和见解，待以后教学环节中交流解决。

（三）学时分配

本课程共 54 课时，其中 48 课时理论讲授，6 课时指导性自学。理论课主要讲解管理与科学方法、管理的研究范式、研究设计与评价、文献法、访谈法、问卷法、实验法、数据的统计分析、研究报告撰写、研究论文撰写。指导性自学由老师根据课程内容布置作业，学生去图书馆或者利用网络资源查阅相关材料，并完成老师要求的学习任务。

（四）考核评价

本课程考核方式为考试。本课程最终成绩由平时成绩40%（包括考勤、课堂讨论、平时作业）和期末考试成绩 60% 组成。

七、电子商务概论 *

课程名称：	电子商务概论 *	英文名称：	E-Business*
课程类别：	必修课	课程类型：	专业课
课程学分：	3	课程总学时：	54
实验（实训）学时：	18	开课单位：	经贸管理学院
教研室：	电子商务技术	课程负责人：	卞琦娟

（一）教学内容

本课程系统论述了电子商务的理论和方法，全面介绍了电子商务各个领域方面的基础知识，其理论性与实践性都很强。通过本课程的学习，使学生对电子商务产生系统的认识和理解，并初步掌握电子商务的基本技术和理论。要求学生全面掌握电子商务领域各个方面的基本理论、基本知识和基本技能，包括电子商务概述、电子商务的应用框架与交易模式、电子支付、网络营销、电子商务物流管理、电子商务法律和法规、电子商务安全、电子商务系统建设、电子商务应用等方面的知识。在重视理论学习的基础上，本课程侧重培养学生从事电子商务活动的应用能力。

（二）教学方法

本课程是双语课程，采用经典的英文版教材，双语教学。教学形式主要有理论课、实验课和指导性自学。理论课以老师讲授为主，辅以多媒体教学、课堂讨论、案例分析等。实验课以学生操作奥派电子商务应用软件为主，老师担当着说明、辅助、指导、主持和汇总的角色，实验过程中学生能够在独立运用奥派电子商务应用软件，模拟相关实际场景的同时，加深对课本的理解。指导性自学以老师指导和学生自学为主，通过老师在课堂上提出的精心设计的思考题、讨论题，指导和启发，为学生指明学习思路和方向，学生根据老师要求，充分发挥自主学习的积极性，并能够在自学过程中提出问题和见解，待以后教学环节中交流解决。

（三）实验安排

本课程共有 18 课时的实验课,学生需要完成 3 个电子商务应用模型,分别为: B2B 实践、C2C 实践和 G2B 实践。通过这 3 个电子商务应用模型,熟悉 B2B、C2C 和 G2B 网站的结构、功能、提供的服务、业务流程,了解其盈利模式,知晓各个电子商务主体在具体场景中扮演的角色。具体的操作内容都以现实场景作为基础,包含了网上银行申请、申请支付通、模拟实际交易流程。

（四）学时分配

本课程共 54 课时,其中 30 课时理论讲授, 18 课时实验见习, 6 课时指导性自学。理论课主要讲解电子商务概述、电子商务运作体系、网络技术基础、商务网站开发与建设、电子商务安全、电子支付、网络营销、电子商务物流管理、电子商务法律规范以及电子商务实践等内容。实验课主要包括 B2B 实践、C2C 实践和 G2B 实践 3 个实验内容。指导性自学由老师根据课堂内容布置学生去图书馆或者利用网络资源查阅相关材料,并完成老师要求的学习任务。

（五）考核评价

本课程考核方式为考试。本课程最终成绩由课堂讨论及考勤（15%）、平时作业或实验成绩（35%）和期末考试成绩（50%）组成。

八、电子商务案例分析

课程名称：	电子商务案例分析		
英文名称：	E-Business Case Analysis		
课程类别：	必修课	课程类型：	专业课
课程学分：	1.5	课程总学时：	36
实验（实训）学时：	12	开课单位：	经贸管理学院
教研室：	电子商务技术	课程负责人：	卞琦娟

（一）教学内容

本课程通过国内外电子商务案例的分析,旨在帮助学生理解电子商务商业模式和价值创造的原理；通过案例分析认识电子商务的商业模式和服务模式及其规律；通过案例分析掌握在中国的经济环境下如何正确地设计和运营电子商务的业务。通过分析和学习这些案例，学生会加强对电子商务知识的理解和掌握，特别是有关电子商务分类模式、分析模式的综合掌握。在重视理论学习的基础上，本课程还侧重通过教学软件培养学生对案例分析方法的应用能力。

（二）教学方法

本课程的教学形式主要有理论课、实验课和指导性自学。理论课以老师讲授为主，辅以多媒体教学、课堂讨论、案例分析等。实验课以学生操作奥派电子商务案例分析软件为主，老师担当着说明、辅助、指导、主持和汇总的角色，实验过程中学生能够在独立运用奥派电子商务案例分析软件，模拟相关实际场景的同时，加深对课本的理解。指导性自学以老师指导和学生自学为主，通过老师在课堂上提出的精心设计的思考题、讨论题，指导和启发，为学生指明学习思路和方向，学生根据老师要求，充分发挥自主学习的积极性，并能够在自学过程中提出问题和见解，待以后教学环节中交流解决。

（三）实验安排

本课程共有12课时的实验课，学生需要完成4个电子商务案例分析实验，老师从软件提供的众多案例中，根据课堂进度，精心选取4个案例，供学生上课操作学习。

（四）学时分配

本课程共36课时，其中18课时理论讲授，12课时实验见习，6课时指导性自学。理论课主要讲解电子商务案例的分类模式、电子商务案例分析模式、搜索引擎模式案例分析、网络广告模式案例分析、网络经纪模式案例分析、网络直销模式案例分析、网上商店模式案例分析、网络营销模式案例分析、网上支付模式案例分析、网络聚合模式案例分析、用户贡献模式案例分析、网络社区模式案例分析、网络分类信息模式案例分析、网络游戏模式案例分析、无线服务模式案例分析等内容。实验课主要包括4个电子商务案例分析实验。指导性自学由老师根据课堂内容布置学生去图书馆或者利用网络资源查阅相关材料,并完成老师要求的学习任务。

(五)考核评价

本课程考核方式为考试。本课程最终成绩由课堂讨论及考勤(15%)、实验成绩(40%)和小组案例分析(45%)组成。

九、电子商务物流与供应链管理 *

课程名称:	电子商务物流与供应链管理 *		
英文名称:	E-Logistics and Supply Chain Management *		
课程类别:	必修课	课程类型:	专业课
课程学分:	3	课程总学时:	54
实验(实训)学时:	18	开课单位:	经贸管理学院
教研室:	电子商务基础	课程负责人:	唐 力

(一)教学内容

本课程立足于基本理论、基本知识和基本技能的教育,着眼于应用,以理论研究和案例分析相结合,同时注意国内外物流管理领域的最新发展动向,及时向学生传递相关领域的新理论、新观点、新技术。通过该课程教学,使学生对物流管理领域的基本科学体系有一个系统、全面的了解,并为以后进一步深入学习物流科学理论打下基础。在重视理论学习的基础上,本课程帮助学生尽早掌握和吸收实际第三方物流企业的各主要业务的运作模式。

(二)教学方法

本课程是双语课程,采用经典的英文版教材,双语教学。教学手段多元化,主要有理论课、实验课和指导性自学。其中理论课程以教师讲授为主,辅以多媒体教学、案例分析、课堂讨论。实验课以学生操作奥派物流软件为主,老师指导学生模拟系统操作实验,更好地体现出现代物流教学的理论与实践相结合的教学过程,使得学生具备运用电子商务技术手段开展物流活

动的能力。指导性自学结合教材内容,课堂教学与电子商务物流实际,布置
1~2个物流企业案例或者专题讨论题目,学生在老师的指导下自主学习并完
成案例分析或者专题小论文。

（三）实验安排

本课程共有18课时的实验课,学生需要掌握和吸收实际第三方物流
企业的各主要业务的运作模式,包括完成商务管理、配送管理、仓储管理、运
输管理4个实验内容。本课程注重电子商务环境下物流理论知识和实际技
能,通过这4个实验内容,使得学生熟悉和掌握运用电子商务技术手段解决
物流问题的基本技能,能使我院电子商务专业学生充分感受到电子商务的
应用给物流产业所带来的机遇,为以后从事电子商务和物流的工作岗位打
下坚实基础。

（四）学时分配

本课程共54课时,其中30课时理论讲授,18课时实验见习,6课时指
导性自学。理论课主要讲解物流的基本概念、物流系统、物流类型、包装、装
卸和搬运、运输、仓储保管、流通加工、配送与配送中心、物流管理成本、物流
信息管理等内容。实验课主要包括商务管理、配送管理、仓储管理、运输管
理4个实验内容。指导性自学由老师根据课堂内容布置学生去图书馆或者
利用网络资源查阅相关材料,并完成老师布置的学习任务。

（五）考核评价

本课程考核方式为考试。本课程最终成绩由课堂讨论及考勤（15%）、
平时作业或实验成绩（35%）和期末考试成绩（50%）组成。

十、网络营销 *

课程名称：	网络营销 *	英文名称：	E-Marketing*
课程类别：	必修课	课程类型：	专业课
课程学分：	1.5	课程总学时：	36
实验（实训）学时：	12	开课单位：	经贸管理学院
教研室：	电子商务基础	课程负责人：	唐 力

（一）教学内容

本课程以战略的眼光，深入地讨论了网络营销规划和营销组合，具体内容包括：第 I 篇概述了网络营销的过去、现在和未来，网络营销计划，网络营销战略和业绩考核指标；第 II 篇介绍了法律环境和全球经济环境；第 III 篇深入探讨网络营销战略；第 IV 篇继续讨论网络营销管理。通过该课程教学，使学生认识网络营销环境、学会通过网络进行市场调研、通过分析网络消费者与营销市场、在整体上掌握网络营销战略与计划、灵活运用网络营销的产品策略、价格策略、了解网络营销的渠道策略、借助网络广告与促销策略和网络营销的顾客策略，培养利用网络进行市场营销的能力。

（二）教学方法

本课程是双语课程，采用经典的英文版教材，双语教学。教学手段多元化，主要有理论课、实验课和指导性自学。其中理论课程以教师讲授为主，辅以多媒体教学，案例分析、课堂讨论。实验课根据课程内容设计相关的实验让学生通过实验加深对理论课程的学习和掌握，并要求学生完成相应的实验报告，同时，利用电子商务实验室的实验教学软件让学生上机进行相关的模拟操作，并可以让学生搭建自己的实验平台进行个性化的实验，增强学生的创造性和实验动手能力。指导性自学以老师指导和学生自学为主，通过老师精心选择的与学习内容有关的经典案例进行分析，并同时设有案例思考题，让学生在老师的指导下对案例进行进一步的讨论和研究，加深对网络营销相关知识点的理解。

（三）实验安排

本课程共有 12 课时的实验课，学生需要动手操作网络营销实务，包括完成网站商务信息发布与管理、搜索引擎登录与优化、营销 E-mail 制作与管理、网络广告制作与发布、网络调研实施与管理、网络商城模拟实训 6 个实验内容。通过这 6 个实验内容，使得学生熟悉和掌握实际业务流程的设计，掌握网络营销的基本方法与操作技能，加深理解网络营销理论与实务知识。

（四）学时分配

本课程共 36 课时，其中 18 课时理论讲授，12 课时实验见习，6 课时指导性自学。理论课主要讲解网络营销概论、网络营销的环境与基础、网络市场特征与消费者行为、网络营销的品牌策略、网络营销的价格策略、网络营销的渠道策略、网络营销的市场拓展等内容。实验课主要包括网站商务信息发布与管理、搜索引擎登录与优化、营销 E-mail 制作与管理、网络广告制作与发布、网络调研实施与管理、网络商城模拟实训。指导性自学由老师根据课堂内容布置学生去图书馆或者利用网络资源查阅相关材料,并完成老师布置的学习任务。

（五）考核评价

本课程考核方式为考试。本课程最终成绩由课堂讨论及考勤（15%）、平时作业或实验成绩（35%）和期末考试成绩（50%）组成。

十一、信息技术与网络经济 *

课程名称：	信息技术与网络经济 *		
英文名称：	Information Technology and the Networked Economy*		
课程类别：	必修课	课程类型：	专业课
课程学分：	3	课程总学时：	54
实验（实训）学时：	3	开课单位：	经贸管理学院
教研室：	电子商务基础教研室	课程负责人：	罗凤琦

（一）教学内容

本课程使学生理解计算机网络、移动通信网络、物联网如何创建了网络经济；了解如何使用信息技术将数据处理成信息,并共享数据、信息和资源；掌握信息技术如何使机构通过使用信息系统处理现在、记住过去和准备未来；掌握在网络经济时代,公司如何使用电子商务策略和技术转变他们的经营方式；了解与开发或购置企业信息系统有关的过程；了解因信息技术和网络经济产生的犯罪、安全、道德及社会问题等。具体内容包括：网络经济的三大基础设施——计算机网络、移动通信网络、物联网；网络经济的五大要素——经济关系、计算机、连接性、知识、知识工人；计算机网络七层体系结构；Internet 对事务处理系统的影响；机构中的数据库管理系统；机构中的决策支持系统；电子商务技术与电子商务策略；信息系统的设计与开发；网络经济中的犯罪、安全、隐私、道德及社会等方面的问题。

（二）教学方法

本课程采用多媒体课件进行教学，课件有 7 个主要功能模块："今日热点"、"教学目标"、"教学内容"、"课堂讨论"、"在线测试"、"前沿技术"、"连续案例"。"今日热点"介绍电子商务领域热点新闻；"教学目标"、"教学内容"紧密围绕教材展开；"课堂讨论"及"在线测试"是教师与学生交互的环节，既能满足课堂教学时分组讨论的需求，又能满足学生自学时自我检验的目的；"前沿技术"与"连续案例"两部分为教学可选内容，形式和内容都十分灵活。教学时，除"今日热点"介绍的行业热点新闻引用自新浪科技的中文新闻外，其余内容均用英文呈现。

（三）实验安排

本课程设有实验课 3 课时，实验名称：网上市场商品价格离散度检验与综合分析。要求学生选择一种特定商品，通过网络收集该商品特定时间内在主流网站的价格，汇出价格离散图，综合运用网络经济学的理论对价格离散度的原因进行综合分析，最终形成实验报告。

（四）学时分配

本课程共 54 学时，其中 48 课时理论讲授，3 课时实验见习，6 课时指导性自学。理论课主要讲解信息技术和网络经济导论、机构中的信息系统、电子商务的策略和技术、信息系统的开发和购置、网络经济带来的犯罪、安全和道德及社会问题等。实验课安排 1 次实验，网上市场商品价格离散度检验与综合分析。

（五）考核评价

本课程成绩构成由期中演讲成绩、平时成绩和期末考试成绩构成，其中，演讲成绩占 15%，平时成绩占 15%，期末考试成绩占 70%。

十二、ERP 与客户关系管理 *

课程名称：	ERP 与客户关系管理		
英文名称：	ERP and CRM		
课程类别：	必修课	课程类型：	专业课
课程学分：	2.5	课程总学时：	54
实验（实训）学时：	18	开课单位：	经贸管理学院
教研室：	电子商务技术	课程负责人：	朱　娴

（一）教学内容

本课程介绍了客户关系管理（CRM）的理论和方法，并结合有用的技巧策略和实际案例，从客户、流程和技术几个方面讨论了解决实时问题的方法，包括销售过程、软件解决方案、服务提供商等，旨在使学生掌握高水准的客户满意度和忠诚度培养能力。此外，本课程还将从构建企业管理团队以及如何解决对数据的完整性和安全性担忧的角度出发，来讨论 ERP 用户及其公司如何调整业务学习，以适应新兴的市场需求、实现关键技术创新和与无线世界接轨。并通过对 ERP 用友管理软件的应用原理和使用方法的学习和实践，使学生了解企业的信息化系统如何构建，以及如何运用信息化手段与工具对企业业务及管理进行综合分析等。

（二）教学方法

本课程是电子商务专业的必修课程之一，为双语课程，采用经典的英文版教材。授课形式有理论课、实验课和指导性学习。理论课以老师讲授为主，辅以多媒体教学、课堂讨论、案例分析等。实验课以学生操作用友 ERP 系统管理软件为主，老师担当着说明、辅助、指导、主持和汇总的角色，实验过程中学生能够在独立运用 ERP 系统管理软件，模拟客户关系管理在企业中的实际操作，加深对课本的理解。指导性自学以老师指导和学生自学为主，通过老师在课堂上提出的精心设计的思考题、讨论题，指导和启发，为学生指明学习思路和方向，学生根据老师要求，充分发挥自主学习的积极性，并能够在自学过程中提出问题和见解，待以后教学环节中交流解决。

（三）实验安排

本课程共有 12 课时的实验课。实验基于用友 ERP 系统，通过上机操作，学生将分别了解 ERP 系统模块、熟悉系统基础设置、对客户信息管理、客户互动与服务中心管理、销售活动与业务管理等方面展开模拟操作，掌握数据管理与挖掘的基本技能。实验最终使学生能够将理论部分的知识化为真切的实际感受，全面领悟企业环境中 ERP 管理、特别是客户关系管理的内容和方法技能。

（四）学时分配

本课程共 54 课时，其中 30 课时为理论课，18 课时为实验课，6 课时为指导性自学。理论课主要讲授客户与客户关系的基本概念、客户流失分析与客户保持的方法、CRM 与电子商务的关系、CRM 的关键技术、风险控制、与 ERP 管理模块的整合等内容。实验课主要完成 ERP 系统模块学习、系统基础设置、客户信息管理、客户互动与服务中心管理、销售活动与业务管理、数据管理与挖掘等 6 个实验。指导性自学由老师根据课堂内容布置学生去图书馆或者利用网络资源查阅相关材料，并完成老师要求的学习任务。

（五）考核评价

本课程考核方式为考试。本课程最终成绩由课堂讨论及考勤（15%）、小组作业及实验（25%）和期末考试成绩（60%）组成。

十三、电子商务系统分析与设计

课程名称：	电子商务系统分析与设计		
英文名称：	Analyzing and Designing of E-commerce System		
课程类别：	必修课	课程类型：	专业课
课程学分：	2.5	课程总学时：	54
实验（实训）学时：	18	开课单位：	经贸管理学院
教研室：	电子商务基础	课程负责人：	唐力

（一）教学内容

本课程以利用 UML（统一建模语言）进行电子商务系统分析与设计为主线，系统介绍了面向对象环境下电子商务的规划、分析、设计、实施及运行维护管理及评估的相关概念、方法、技术和工具，具有较强的理论性与实践性。通过本课程的学习，使学生从三个层面认知和理解电子商务系统分析与设计：一是基础层面，即学习电子商务系统的基本概念、构造技术；二是设计层面，即学习电子商务系统规划、分析、设计的方法、内容和工具；三是实现部分，即学习电子商务系统的实施、运行维护管理与评估。旨在由浅入深，循序渐进，既要注重对学生基础理论知识的传授，又要注重学生的实际应用。

（二）教学方法

本课程的教学形式主要有理论课、实验课和指导性自学。其中理论课程以教师讲授为主，辅以多媒体教学、案例分析、学生交流讨论。实验课以学生操作 Visio 制图应用软件为主，辅以教师讲解、辅助、指导、主持和汇总，使学生能够熟练应用 Visio 制图应用软件，模拟"e 擂"和"真 High 在线 K 歌"案例，既加深对电子商务系统分析与设计案例的理解，又加深学生对电子商务系统分析与设计理论知识的掌握。指导性自学以老师指导和学生自学为主，通过老师在课堂上提出的精心设计的思考题、讨论题，指导和启发，为学生交流讨论做前期的准备。

（三）实验安排

本课程共有 18 课时的实验课，学生需要完成如下几个流程：首先，了解和熟练应用 Visio 绘图应用软件，主要掌握常规图形、流程图、日程安排图、软件和数据库图、商务图，以及网络图绘制及相关图件的调用；其次，以"e 擂"为案例，掌握电子商务系统规划图形设计，如网站流程图、市场细分图、支付流程图、认证流程图、硬件体系图、软件体系图；第三，以"e 擂"为案例，掌握电子商务系统分析图形设计，如利用 UML（统一建模语言）绘制网络体系结构图，某一个职能模块的用例图、事件流及活动图。

（四）学时分配

本课程共 54 课时，其中 30 课时理论讲授，18 课时实验见习，6 课时指导性自学。理论课主要讲解电子商务系统分析与设计概述、统一建模语言 UML、电子商务系统分析规划、电子商务系统分析、电子商务系统设计、电子商务系统的实施、电子商务系统的维护与运营、旅游商品购物系统的分析与设计。实验课主要包括 Visio 的了解和熟练应用、电子商务系统规划、电子商务系统分析 3 个实验内容。指导性自学由老师根据课堂内容布置学生去图书馆或者利用网络资源查阅相关材料,为学生交流讨论做前期的准备。

（五）考核评价

本课程考核方式为考试。本课程最终成绩由课堂讨论及考勤（15%）、平时作业或实验成绩（35%）和期末考试成绩（50%）组成。

十四、人力资源管理

课程名称：	人力资源管理		
英文名称：	Human Resource Management		
课程类别：	限选课	课程类型：	专业课
课程学分：	2	课程总学时：	36
实验（实训）学时：	0	开课单位：	经贸管理学院
教研室：	电子商务技术	课程负责人：	罗 珺

（一）教学内容

人力资源管理是一门系统地研究组织内人力资源管理中的选拔、培训、使用等规律的科学。本课程以人力资源管理理论为基础,重点探讨工作分析、招聘、培训、职业生涯管理、绩效评估、薪酬管理等人力资源管理的具体问题。希望通过本课程的学习,帮助学生了解和掌握人力资源管理的基本理论与方法,以提高分析与解决人力资源管理实际问题的能力。本课程是限选考查课,实际授课过程中会大量运用案例教学、开放式讨论、情景模拟及学生演讲等多种形式。对授课对象的要求是通过课程学习,能够理论联系实际,掌握具体方法,解决实际问题,侧重于应用。

（二）教学方法

教学形式主要有理论课、讨论课和指导性自学。理论课以老师讲授为主，辅以多媒体教学、案例分析等。讨论课以学生演讲及发言为主，老师担当说明、辅助、指导、主持和汇总的角色，讨论过程中学生能够思维碰撞，激发想象，加深对课程理论的理解以及与他人之间的沟通，最终目的是锻炼解决实际问题的能力。指导性自学以老师指导和学生自学为主，通过老师在课堂上提出的精心设计的思考题及课后作业，指导和启发，为学生指明学习思路和方向。学生根据老师要求，充分发挥自主学习的积极性，并能够在自学过程中提出问题和见解，待以后教学环节中交流解决。

（三）学时分配

本课程共 36 课时，其中 30 课时理论讲授，其中穿插讨论课时。主要内容包括：第一章，人力资源与人力资源管理；第二章，人力资源管理的基础理论；第三章，工作分析；第四章，人力资源规划；第五章，招聘与录用；第六章，培训与开发；第七章，职业生涯规划；第八章，绩效管理；第九章，薪酬与福利管理；第十章，人力资源管理的新发展。另外，还有 6 课时指导性自学。指导性自学由老师根据课堂内容布置学生去图书馆或者利用网络资源查阅相关材料，并完成老师要求的学习任务。

（四）考核评价

本课程考核方式为考查。本课程最终成绩由平时成绩和课程论文组成。平时成绩占 50%，课程论文成绩占 50%。

十五、电子商务项目管理

课程名称：　　电子商务项目管理

英文名称：　　E-commerce Project Management

课程类别：	限选课	课程类型：	专业课
课程学分：	3	课程总学时：	54
实验（实训）学时：	12	开课单位：	经贸管理学院
教研室：	电子商务技术	课程负责人：	杨　莉

（一）教学内容

电子商务项目管理为电子商务专业限选课。本课程围绕电子商务项目的立项、计划、执行、控制、验收这五个项目管理过程，系统论述了电子商务项目的范围、进度、成本、质量、人力资源、沟通、风险、采购和整体管理九大与项目职能管理有关的知识点。主要内容包括：电子商务项目的含义与规划、可行性研究与立项、电子商务项目范围管理、时间管理、成本管理、沟通管理、质量管理、风险管理、电子商务项目的审计与监理。

通过本课程的教学，要求学生掌握现代电子商务项目全过程的基本概念、理论和主要方法技术，全面了解电子商务项目管理的九大知识领域，并重点掌握电子商务项目范围管理、时间管理和成本管理这三个知识领域，掌握项目管理软件 project 的使用，使学生具有一定的电子商务项目管理业务素质。

（二）教学方法

教学形式主要有理论课、实验课和指导性自学。理论课以老师讲授为主，辅以多媒体教学、课堂作业、课堂讨论、案例分析等。实验课以学生学会应用项目管理软件 Microsoft Project 为主，老师担当着说明、辅助、指导的角色，实验过程中学生 4 人一组共同完成一份项目计划书，从而加深对课本知识的理解。指导性自学以老师指导和学生自学为主，通过老师在课堂上提出的精心设计的思考题、讨论题，指导和启发，为学生指明学习思路和方向，学生根据老师要求，充分发挥自主学习的积极性，并能够在自学过程中提出问题和见解，待以后教学环节中交流解决。

（三）实验安排

本课程共有 12 课时的实验课，学生需要应用 Microsoft Project 软件完成一份项目计划书，内容包括：①项目背景介绍及需求说明；②范围计划，包括需求规格说明和项目工作分解结构；③进度计划，包括绘制出甘特图、网络图（单代号或双代号）、里程碑图；④成本计划，包括成本估算和成本预算；⑤人力资源计划，包括项目的组织结构和责任分配矩阵；⑥使用项目管理软件 Microsoft Project 绘制图形。通过该实验作业，使学生掌握应用项目管理软件 Microsoft Project 绘制甘特图、网络图、里程碑图,进行资源分配、成本预算等。

（四）学时分配

本课程共 54 课时,其中 36 课时理论讲授,12 课时实验见习,6 课时指导性自学。理论课主要讲解电子商务项目的含义与规划、可行性研究与立项、电子商务项目范围管理、时间管理、成本管理、沟通管理、质量管理、风险管理、电子商务项目的审计与监理等内容。实验包括 Microsoft Project 软件使用、制定项目进度计划、制定项目成本计划 3 个实验内容。指导性自学由老师根据课程内容布置作业,学生去图书馆或者利用网络资源查阅相关材料,并完成老师要求的学习任务。

（五）考核评价

本课程考核方式为考查。本课程最终成绩由平时成绩 40%（考勤、课堂问题回答、课堂作业）、课后作业 30% 和实验报告 30% 组成。

十六、电子政务

课程名称：	电子政务	英文名称：	E-Government
课程类别：	限选课	课程类型：	专业课
课程学分：	1.5	课程总学时：	36
实验（实训）学时：	12	开课单位：	经贸管理学院
教研室：	电子商务基础	课程负责人：	邓 敏

（一）教学内容

本课程系统论述了电子政务的理论和方法,在理论层面上,系统地介绍了电子政务基本理论及其蕴涵的理念,在实践层面上,以分析解决中国电子政务建设与应用中的问题为落脚点,全面地讲解了电子政务的发展历程和建设规律。通过本课程的学习,使学生对电子政务产生系统的认识和理解,并初步掌握电子政务的基本技术和理论,具体包括电子商务导论、电子政务基本原理、国内外电子政务、电子化管理、电子政务应用系统、政府流程再造、政务信息资源管理、电子政务的技术支撑体系、电子政务建设规划、电子政务外包和电子政务绩效评估等方面的知识。在重视理论学习的基础上,本课程强调培养学生从事电子政务工作的实践应用能力,包括掌握电子政务的基本理论与相关技术应用领域、实现对各个业务流程的操作和模拟、熟悉并掌握电子政务关键工作流程的构成和实现途径等。通过这门课的学习,使学生了解电子政务相关的技术基础,了解电子政务系统及其规划和发展战略,提高学生运用现代科技实现目标管理的能力。

（二）教学方法

本课程教学形式主要有理论课、实验课和指导性自学。理论课以老师讲授为主,辅以多媒体教学、课堂讨论、案例分析等。实验课以学生操作电子政务应用软件为主,老师担当着说明、辅助、指导、主持和汇总的角色,实验过程中学生能够在独立运用电子政务实验软件,模拟相关实际场景的同时,加深对课本的理解。指导性自学以老师指导和学生自学为主,教师在准确把握教材,掌握教材重点、难点的基础上,提出具体问题,设置疑点,让学生带着问题去钻研教材和参考书目,明确学习任务,充分发挥自主学习的积极性,激发学生的学习兴趣,培养学生的思维能力,不断提高其自学能力。

（三）实验安排

本课程共有 12 课时的实验课,实验目的是使学生了解电子政务的内涵、电子政务的模式,熟悉政府间电子政务（G2G）、政府对企业的电子政务（G2B）、政府对公民的电子政务、电子政务系统的总体框架等内容。学生完成 7 个实验内容,主要包括基于电子平台传发文件、公文管理以及行政审批等实践。结合理论课程进行上机实验,使学生了解、体验电子政务平台的使用方法;了解电子政务的一般流程和简单应用,能够利用计算机搜集、索取、存储、展示、交流政务信息;学会政务资源的分析、共享和交流、能利用网络进行协同工作;能在网络上实现政务信息简单的交互,了解电子政务应用系统的开发流程。

（四）学时分配

本课程共 36 课时,其中 18 课时理论讲授,12 课时实验见习,6 课时指导性自学。理论课主要讲解导论、电子政务背景与原理、电子化管理与系统、政府流程再造、政务信息资源管理、技术支撑体系、规划与绩效评估等内容。实验课主要包括发送上行文、平行文发送签收和退文、政务信息内部发布与上报、公文分拣、OA公文办理及下行文签收、下行文发送与接收、行政审批等7个实验内容。指导性自学由老师根据课堂内容布置学生去图书馆或者利用网络资源查阅相关材料，并完成老师要求的学习任务。

（五）考核评价

本课程考核方式为考试。本课程最终成绩由课堂讨论及考勤（15%）、平时作业或实验成绩（35%）和期末考试成绩（50%）组成。

十七、网上银行与电子支付

课程名称：	网上银行与电子支付		
英文名称：	Online Bank and E-Payment		
课程类别：	限选课	课程类型：	专业课
课程学分：	1.5	课程总学时：	36
实验（实训）学时：	12	开课单位：	经贸管理学院
教研室：	电子商务技术	课程负责人：	朱娴

（一）教学内容

本课程主要阐述了电子货币的产生、发展、各种类型电子货币的特点，电子支付的方式、手段、性能特点及业务流程，电子支付工具的使用、电子支付涉及的相关协议和法律法规等。同时介绍了网上金融机构、网上金融业务、网上银行模式、网上银行的形式、工作方式、服务内容及发展趋势等问题，是一门理论性和实用性很强的课程。

本课程的目的是适应信息时代对电子商务复合型、应用型专门人才的需求，培养学生的实际操作能力。通过本课程的学习，要求学生在了解电子支付的起源、掌握基本概念及其特性的基础上，理解电子支付的基本模型；了解电子支付对现代社会在文化、生产、生活及体制等方面的影响；掌握网上银行电子支付系统、网上第三方电子支付系统、网上电子支付工具等方面的基本业务与技术的特性、功能和流程,理解这些电子支付的技术标准及其安全协议与管理特点;掌握网上银行电子支付系统与网上第三方电子支付系统内在联系及其发展趋势;理解中国金融认证中心的作用,网上电子支付存在的安全问题和相关的法律问题。

（二）教学方法

本课程是电子商务专业课程之一,主要授课形式为课堂讲授为主,实验为辅。结合多媒体教学,其重点放在让学生理解和掌握电子支付的原理和业务流程、网络支付工具的使用方法及安全事项,了解电子商务和网上支付发展的最新动态上,注重学生实际操作能力的培养和锻炼,为以后工作做好准备。

（三）实验安排

本课程共有 12 课时的实验课。实验围绕网络银行、电子支付的实例展开,在充实的理论学习基础上,对实例进行上网操作,最终使学生能够将理论部分的知识化为真切的实际感受,全面领悟网上银行和电子支付的思想,掌握支付与结算技能。

本课程实验包括四个实验项目,通过实验教学,学生应达到以下基本要求:

1. 理解网上银行的组成,熟悉网上银行所提供的功能和服务。

2. 了解中国现代支付体系及支付清算服务。

3. 通过对第三方支付工具的了解,掌握使用第三方支付工具进行网上购物及网上支付的操作。

4. 掌握个人安全证书的方法和操作流程。

（四）学时分配

本课程共 36 课时,其中 21 课时理论讲授,12 课时实验见习,3 课时指导性自学。理论课主要讲授电子支付的基本知识,包括支付系统的分类和运作原理,银行卡的运作机制、电子商务中的电子支付、电子支付系统的安全策略等风险防范等。实验课主要包括个人网上银行业务、网银在线电子钱包、第三方支付平台、个人安全证书申领 4 个实验内容。指导性自学由老师根据课堂内容布置学生去图书馆或者利用网络资源查阅相关材料,完成小组作业。

(五)考核评价

本课程考核方式为考查。本课程最终成绩由课堂讨论及考勤(15%)、小组作业及实验成绩(45%)和期末论文成绩(40%)组成。

十八、电子商务安全管理

课程名称: 电子商务安全管理

英文名称: Security Management in EC

课程类别:	限选课	课程类型:	专业课
课程学分:	2	课程总学时:	36
实验(实训)学时:	0	开课单位:	经贸管理学院
教研室:	电子商务技术	课程负责人:	杨玮

(一)教学内容

本课程从电子商务安全技术和管理的角度出发,跟踪当前电子商务发展的热点问题,讲授构建和实施安全电子商务系统所必需的基本理论、方法和技术。课程内容主要包括电子商务安全基本概述、电子商务安全的主要技术、电子商务安全的技术规范、电子商务交易安全的基础设施、移动电子商务的安全管理、电子商务的信息安全、电子商务安全管理制度、电子商务中的版权安全、信息系统的安全评估、信息系统的安全策略、电子商务安全法律制度、电子商务风险管理、电子商务的信用管理等。

该课程要求电子商务专业学生熟悉电子商务安全涉及的技术模式、管理模式等问题,掌握构建和实施安全电子商务的基本方法与技术。

(二)教学方法

本课程采用理论教学和指导性自学相结合的教学形式。理论课以教师讲授为主,辅以多媒体教学、课堂讨论、案例分析等多种形式。

指导性自学以教师指导和学生自学为主。教师采用"命题式"指导的方法,根据课程内容,联系实践及热点问题,精心设计"命题",由学生根据自己的兴趣爱好在教师指导下独立选择"命题",独立查阅文献资料,开展调查研究,或进行实践作业操作,充分发挥自主学习的积极性,并能够在自学过程中提出问题和见解,待以后教学环节中交流解决。

（三）学时分配

本课程共 36 课时,其中 30 课时理论讲授,6 课时指导性自学。理论课主要讲解电子商务安全基本概述、电子商务安全的主要技术及技术规范、电子商务交易安全的基础设施、移动电子商务的安全管理、电子商务的信息安全、电子商务安全管理制度、电子商务中的版权安全、信息系统的安全评估、信息系统的安全策略、电子商务安全法律制度、电子商务风险管理、电子商务的信用管理等内容。指导性自学则由老师根据相应的课堂内容设计命题任务,布置学生利用图书馆、互联网等资源,开展调查研究或完成实践作业,并就遇到的问题进行讨论。

（四）考核评价

本课程考核方式为考查。最终成绩由课堂讨论及考勤（15%）、平时作业（35%）和期末考查成绩（50%）组成。

十九、电子商务与云计算

课程名称：	电子商务与云计算		
英文名称：	E-Business and Cloud Computing		
课程类别：	限选课	课程类型：	专业课
课程学分：	1	课程总学时：	18
实验（实训）学时：	0	开课单位：	经贸管理学院
教研室：	电子商务技术	课程负责人：	朱娴

（一）教学内容

本课程介绍了云计算——这个时代的必然产物。随着互联网的高速发展,各种企业的迫切需求驱动了云计算的持续发展与快速革新。通过合理利用云计算技术所带来的优势,企业能从容应对市场的各种变化,甚至能改善经营状况。

云计算除了在经济方面具有影响力之外,还在企业的组织构建、日常管理与运营,甚至员工激励与商业合作等方面都有很大的影响。通过本课程的学习,希望学生可以了解云计算的有关基础知识,探讨云计算在商务领域的相关要素,了解这些要素之间是如何相互影响的,进一步熟悉一些关键要素在商业上及技术上的实践,学习企业如何利用云计算将运营成本与收益相结合,同时对资金流向和经营利润进行很好的调控。

（二）教学方法

本课程是电子商务专业的前沿课程之一,主要授课形式为课堂讲授,辅以小组讨论及课堂演讲。结合多媒体教学,其重点放在让学生了解云计算概念、知识体系、目前云计算主要技术在电子商务领域的应用,掌握云计算基本理论原理与当今云计算技术的最新发展。

（三）学时分配

本课程共 18 课时,全部为理论课。理论课将分别讲授云计算的认识、云计算战略、云计算产业、云计算在电子商务中的应用、云计算与物联网等。

（四）考核评价

本课程考核方式为考查。本课程最终成绩由课堂讨论及考勤（15%）、小组作业（35%）和期末论文（50%）组成。

第六章

电子商务专业就业方向与前景

　　提及电子商务专业就业前景,有人说电子商务专业就业前景非常好,但也有人持相反的观点。那么,电子商务专业就业前景究竟如何? 近年来,随着全球电子商务高速增长,我国电子商务也急剧发展,使得电子商务人才严重短缺,由于互联网用户正以每年 100% 的速度递增,该行业的人才缺口相当惊人,预计我国在未来 10 年大约需要 200 万名电子商务专业人才。从社会调查实践来看,绝大多数企业 (多为中小企业) 已陆续步入电子商务行列,采用传统经济与网络经济结合的方式生产经营。根据这个现象,可以知道中小企业步入电子商务行列急需电子商务人才。

一、电子商务专业与职业相关性分析

（一）电子商务行业背景

从网络的出现直到现在,电子商务基本经历了三个阶段。

1. 拼命打基础的阶段

这一阶段以接入网络、企业网站建设为主要内容。很多企业在这一阶段建立了自己的网站。这期间以 Web 开发为主的高级程序员、程序员、交互设计师、网页设计师、策划员、美工等将成为抢手的职业。

2. 疯狂推广阶段

这一阶段的主要内容是对网站进行推广,以使得更多的人能够发现自己的网站增加流量是主要的任务。以网站推广为核心业务的 SEO 专家(搜索引擎优化专家)、邮件列表专家等成为热门的职业。在此期间,出现了大量的网络"骗子",他们通过各种欺骗手段来获得虚假的访问量,包括使用防木马等黑客程序。国内的大中城市出现了很多以此为生的企业和个人,并且为此沾沾自喜。

3. 强化核心竞争力

这一阶段的主要内容是增加网站的黏性,把浏览者留住,让他们转化为客户。这期间,网络编辑、论坛主持人、撰稿人、内容研究员、频道策划等职业将成为炙手可热的职业。在如今市场经济大环境下,这三个阶段都是并存的,只是没有中国网站一路发展走来各时期的特点明显。但因为需要新网站源源不断产生,学好电子商务显得尤为重要!

虽然还不能预测电子商务交易模式何时能成为主流模式,但电子商务的市场发展潜力是无穷的。因为一方面,潜在消费者的发展速度惊人。据联合国贸发会议《2002 年电子商务发展报告》显示,到 2002 年底,全球英特网用户已达 6.5 亿之众。在中国,据中国互联网信息中心(CNNIC)最新的调查报告显示,截止 2012 年 6 月底,上网用户已超过 5 亿。他们中的一部分已是电子商务的消费者,而更多的则是这个快速发展市场的潜在消费者。另一方面,电子商务交易额快速增长。据国际著名咨询公司 Forrester 估计,2002 年全球电子商务交易额大约为 22 935 亿美元,到 2006 年将可能达到 12.8 万亿美元,占全球零售额的 18%,年均增长率在 30% 以上。美国是电子商务应用最为发达的国家之一,其发展趋势对其他国家具有重要的引领作用。2001 年,尽管美国的电子商务交易额在全美零售额中的比例仍低于 3%,但类似软件、旅游和音乐制品这些商品及服务的网上交易 B2C 部分已占到这部分交易额的 18% 左右,世界其他地区也有类似情况出现。据联合国贸发会议《2001 年电子商务发展报告》引用 Anderson 咨询公司的数据显示,到 2003 年底,中国的电子商务市场 B2B 和 B2C 的交易总额将可能达到 40 亿美元之巨,B2B 的年均增速为 194%,而 B2C 的是 274%,其增速呈倍数增长。当今世界,除电子商务市场以外,其他任何市场都难有如此高的增长率,因此,其市场前景极为可观。

"要么电子商务,要么无商可务",比尔·盖茨的一句名言今天已然成为现实。电子商务改变了企业。企业因为电子商务的介入而改变了组织结构和运作方式,提高了生产效率,降低了生产成本,最终提升了集约化管理程度,从而得以实现高效经营。电子商务也改变了世界。电子商务已经成为全球一体化生产和组织方式的重要工具,在掌握资源配置主动权、提升国家竞争力过程中日益发挥着重要的作用。我国在国民经济和社会发展"十二五"规划纲要中明确提出,要积极发展电子商务,加快发展电子商务。这将有利于优化调整我国经济在全球产业中的定位和布局,有利于加快进一步融合全球化的步伐,提升参与国际竞争力的优势。在电子商务引发的变革风潮中,电子商务已经成为后工业时代经济增长的强大推动力。

随着电子商务的蓬勃发展,我国对既懂计算机又懂商务的复合型人才产生了巨大的需求。国内电子商务的飞速发展,越来越多的外贸企业开始利用电子商务平台拓展海外市场。但是电子商务人才远远无法满足企业日益增长的电子商务外贸人才的需求。不少企业在投入资金开展电子商务的同时,却发现外贸人员自身对电子商务平台的操作能力欠缺,不能有效发挥该平台的作用,这在很大程度上阻碍了企业发展的脚步。据有关数据显示,未来 5 年,在中国 3 000 多万家企业中,将有半数企业将在经营中尝试或运用电子商务工具,国内对电子商务人才的需求量将达到 300 万以上。但是,国内电子商务专业人才的培养却并未跟上。国内著名分析机构艾瑞咨询调查显示,未来 10 年我国电子商务人才缺口达 200 多万,而国内每年电子商务专业的毕业生仅 8 万,远远不能满足市场人才需求。电子商务人才的普遍匮乏已成为阻碍企业电子商务应用和发展的重要因素。

（二）专业就业率与专业对口率

根据专业与职业相关性模型 *可见,评估相关性的指标主要包括专业就业率和专业对口率。

人才培养的最终目标就是掌握职业所对应的就业技能参与职业社会,具体表现就是参加工作。在企业或者其他社会组织内扮演一定的职业角色,并以此将自己所掌握的专业技能运用于实践,在实现自我价值的同时也实现社会价值。因此,专业就业率是衡量一个专业所培养学生是否能被社会认可的程度,也是衡量大学本科专业设置与社会职业衔接相关度的一项重要的总体性指标。

专业对口是指学生就业时的具体职业岗位和所学的专业存在一种对应关系。比如金融学专业毕业的学生在银行、信托、证券等部门工作,这就是一种对应关系。通常情况下,职业的专业性越强,也就是职业的知识含量和专业技能越高,职业与专业的对口程度越高。因为这些职位一般人不能胜任,或者没有经过大学系统的专业学习很难具备从事这些岗位的能力。

这项指标从理论上来说应该是衡量大学本科专业设置和社会职业衔接相关度最为关键的指标。因为它不仅能够反映社会对该专业的需求程度,也从宏观角度反映该专业大学生的职业知识和技能的满足程度。但是在目前我国严峻的就业压力下,这项指标的权重反而低于其他指标。

图 6-1 显示了 2007—2010 届全国大学毕业生平均初次就业率与平均专业对口率变化趋势,表 6-1 列举了 2007—2010 年各学科门类平均初次就业率、对口率。

如图表所示,专业初次就业率、对口率二者呈正相关关系。就业率越高,专业对口率越高,学生越忠诚于所学专业;就业率越低,专业对口率也随之降低,学生越倾向于换工作、换行业。

注：专业与职业相关性分析——基于层次分析法的多元回归模型

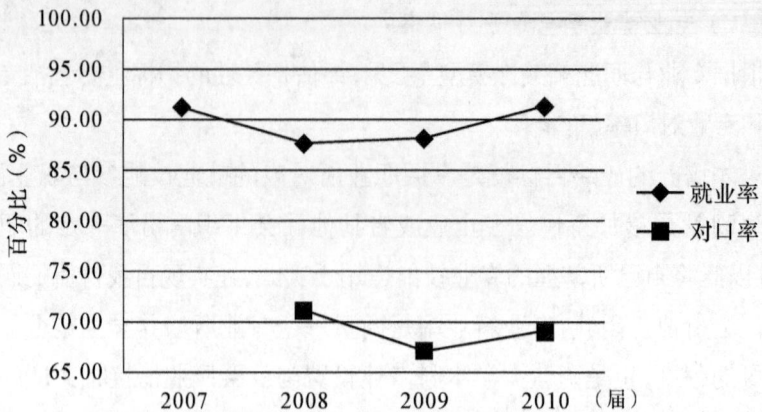

图 6-1 2007—2010 届全国大学毕业生平均初次就业率与平均专业对口率变化趋势

数据来源:《大学生初次就业与专业对口情况调查分析——以福建省某高校为例》

表 6-1 2007—2010 年各学科门类平均初次就业率、对口率

一级学科	学科平均初次就业率(%)	学科平均对口率(%)
管理学	91.98	94.47
工学	90.24	70.88
法学	79.68	66.26

根据经贸管理学院学工办统计数据可见,一方面,近年电子商务系就业率均保持在 95% 的水平。横向视角下较其他学科(专业)更为乐观。纵向视角下近几年本专业学生就业情况稳定;另一方面,专业对口率保持在全国平均水平以上。

经过数十年发展,汇聚海量生产信息、交易信息与消费信息的电子商务平台已成为国内信息经济的重要生产要素。到 2015 年,我国电子商务平台的交易规模将增加 5~10 倍,网络零售平台将覆盖 5 亿消费者,带动直接及间接就业 3 000 万人。2013 年就业排行榜专业排名中,电子商务跃居首位*,成为热门专业。建筑表现大师、动漫影视设计、3G 工程专业、环境工程专业、网络编辑专业、企业信息化专业、物流专业、汽车维修专业和商务英语专业等

注:http://jiaoyu.3158.cn/20140101/n9776101197390.html

均在其后。

据市场统计,我国登记在册的电子商务企业已达到 1 000 多万家,其中大中型企业就有 10 万多家。初步估计,未来我国对电子商务人才的需求每年约 20 万人,而我国目前包括高校和各类培训机构每年输出的人才数量不到 10 万人。人才总量不足已成为制约我国电子商务发展的瓶颈。随着电子商务的快速发展,这些毕业生在进入人才市场时会供不应求。

二、电子商务专业就业岗位群细分

现在,大部分读电子商务专业的学生提出,不知道自己将来可以从事哪些工作,对于自己的就业前景一片迷惘,找不到在电子商务行业自己喜欢的方向,没有明确的岗位群,一般来说,电子商务人才分为技术型人才、商务型人才和综合管理型人才。根据调查,我们对就业岗位进行了细分,并对不同岗位作了简要介绍。

（一）技术类人才岗位方向细分

1.电子商务平台设计

主要从事电子商务平台规划、网络编程、电子商务平台安全设计等工作。

代表性岗位：网站策划／编辑。

一般要求：熟悉网站策划、实施、运营、宣传等业务流程；熟悉电子商务运营与操作流程,能够洞悉电子商务的发展方向；对企业上网有比较深的理解,熟悉企业网站的功能要求；有较强的中文功底和文字处理能力,具有一定的网站栏目策划、运营管理知识；具有较强的选题、策划、采编能力、归纳能力；熟悉电脑操作,掌握基本网络知识。

2.电子商务网站设计

主要从事电子商务网页设计、数据库建设、程序设计、站点管理与技术维护等工作。

代表性岗位：网站设计。

一般要求：能熟练的应用 Flash、Dreamweaver、Photoshop、CSS+Div、XML+XSL（不包括程序）等编辑网页；精通平面设计,熟悉 FrontPage、

DreamWeaver、Flash 等网页制作工具,能够承担大型商业网站制作;对网站建设,VI 的设计及应用有一定的经验,具有沟通、合作精神,有创造力;熟悉 JavaScript,能够了解 JSP 或 Servlet 或 PHP,能够独立完成动态网页;掌握 HTML、JavaScript,了解网站程序实现原理,有与程序员配合的经验。

代表性岗位:网站开发。

一般要求:负责网站 Web 页面的开发与后台的技术支持;能够满足运作层对技术层的需要;精通 ASP/PHP/CGI 3 种开发工具的一种,能够独立开发后台;精通 SQL Server、Access,能够独立完成数据库的开发。能读懂常用 JSP 代码,并且能够编写基本的 JSP 程序;精通 HTML 语言,能手写 HTML 代码;熟练掌握 ASP、.Net、Java、JavaScript、SQL Server 等技术;熟练掌握 Windows、Linux/Unix 其中一种操作系统;熟练掌握 SQL Server,熟悉 Oracle 数据库管理系统;熟悉网站的管理、设计规划、前台制作、后台程序制作与数据库管理流程与技术。

这个要求是汇总了多家企业的岗位描述,应聘者不一定要具备所有的技术技能,这些技术能力是包含在几个技术体系里的。

3. 电子商务平台美术设计

主要从事平台颜色处理、文字处理、图像处理、视频处理等工作。

代表性岗位:网站美工。

一般要求:熟悉 Photoshop、Coreldraw 等图形设计、制作软件,熟悉 HTML、ASP 语言;具备一定的视觉传达设计功底,擅长广告创意、设计在网络广告、传统媒体广告上的应用。

(二)商务类人才岗位方向细分

1. 企业网络营销业务

主要是利用网站为企业开拓网上业务、网络品牌管理、客户服务等工作。

代表性岗位:网络营销人员。

一般要求:网络营销就是以国际互联网络为基础,利用数字化的信息和网络媒体的交互性来辅助营销目标实现的一种新型的市场营销方式。简单的说,网络营销就是以互联网为主要手段进行的,为达到一定营销目的的营销活动。

电子商务已经得到了中国相当部分企业的认可,尤其是占中国企业总数99%的中小企业,由于中小企业生存发展的需要,他们急需通过网络这种效率高、成本低的手段,因此他们对网络营销具有较大的依赖性,存在网络营销人才的需求缺口,已形成明确的网络营销岗位职责。网络营销专员能够有效地利用 B2B 平台、搜索引擎、企业网站、博客、论坛等帮助企业实施营销活动。高级网络营销专员能够进行网络营销效果分析、网络营销方案设计和实施。

2. 网上国际贸易

利用网络平台开发国际市场,进行国际贸易。

代表性岗位:外贸电子商务。

一般要求:负责维护并回复 ECVV 等电子商务平台的外贸客户询盘;参加广交会、义博会、德国科隆博览会等专业性展会(DirectIndustry,Exhibition, Trade Fair, VirtualExpo)。

这是一个典型的行业网络营销岗位。可以预见,随着电子商务应用的深入,网络营销会普及到所有行业,势必会出现农产品网络营销、家电网络营销、服装网络营销等等岗位。伴随着这种细分,从业者对本行业应用的深入研究和独到见解一定会成为基本要求。

3. 新型网络服务商的内容服务

频道规划、信息管理、频道推广、客户管理等。

代表性岗位:网站运营经理 / 主管。

一般要求:熟悉网络营销常用方法,具有电子商务全程运营管理的经验;能够制定网站短、中、长期发展计划、执行与监督;能够完成整体网站及频道的运营、市场推广、广告与增值产品的经营与销售;能够完成网站运营团队的建设和管理,实现网站的战略目标、流量提升与盈利。

4. 电子商务支持系统的推广

负责销售电子商务系统和提供电子商务支持服务、客户管理等。

代表性岗位:网站推广。

一般要求:负责网站内容 / 网站网页设计 / 网站企划 / 网站营销企划;网站社群相关服务,内容规划及经营;会员维护及管理工作;文笔好,能够独立作市场宣传策划及文案的撰写；能够熟练运用各种宣传媒介进行宣传推广工作。

5. 电子商务创业

借助电子商务这个平台，利用虚拟市场提供产品和服务，又可以直接为虚拟市场提供服务。

（三）综合管理人才岗位方向细分

1. 电子商务平台综合管理

这类人才要求既对计算机、网络和社会经济都有深刻的认识，而且又具备项目管理能力。

代表性岗位：电子商务项目经理。

2. 企业电子商务综合管理

主要从事企业电子商务整体规划、建设、运营和管理等工作。

代表性岗位：电子商务部门经理。

通过以上显示，电子商务行业对人才的综合性提出了很高的要求。比如说技术型人才，它包含了程序设计、网络技术、网站设计、美术设计、安全、系统规划等知识，又要求了解商务流程，顾客心理和客户服务等。技术型人才要求有扎实的计算机根底，但考虑到最终设计的系统是为解决企业的管理和业务服务，又需要分析企业的客户需求，所以该类人才还应该对企业的流程，管理需求以及消费者心理有一定了解，而这将成为电子商务人才的特色所在。商务型人才在传统商业活动中都有雏形，不同之处在于他们是网络虚拟市场的使用者和服务者，一方面要求他们是管理和营销的高手，同时也熟悉网络虚拟市场下新的经济规律；另一方面也要求他们必须掌握网络和电子商务平台的基本操作。综合管理人才则难以直接从学校培养，而是市场磨练的产物。

三、电子商务新型就业岗位

电子商务为经济增长注入新活力，带来新的就业机会。电子商务人才属于复合型人才，需要具备技术、经济、贸易、管理等相关知识。一个优秀的电商人才需要经过长期的培养和接受市场的实战演练,才能对提升企业的核心竞争力起到至关重要的作用。在新商业模式不断创新与演变的过程中,对电子商务人才也提出了新的定义,要求电商人才是要具备传统企业人才的特质和互联网电商人才特质的综合体,这才是我们对电商人才新的需求和定义。

大量电子商务平台及网站的出现,提供了各种基于网络的创业及就业机会。因为门槛相对较低,电子商务已成为创业和就业的新渠道,这给普通人尤其处于社会底层及弱势群体的人提供了更多的就业渠道和选择。从这个角度上看,电子商务创造的就业渠道和机会在缓解社会就业压力、服务弱势群体、提高居民收入、促进社会公平和安定方面也起到了一定作用。据估算,中小企业通过开展电子商务直接创造的新增就业超过 130 万,每增加 1%的中小企业使用电子商务,将带来 4 万个新增就业机会。

由电子商务带来的间接就业机会更是不容忽视。研究发现,2010年淘宝网平均一个直接就业可以带动约 2.85 个间接就业,通过淘宝网实现直接就业的人数为 182.3 万人,并带动了超过 500 万的间接就业。截至 2010 年底,阿里巴巴 B2B 平台涉及中小企业专业电子商务人员已达到 1 520 万人。电子商务的快速发展离不开物流、认证、支付等支撑服务的支持,电子商务的繁荣带动了营销、运营、仓储、培训等衍生服务和相关服务领域的发展。电子商务的繁荣间接给这些行业,尤其是物流行业,带来大量的就业机会,并催生出了网店卖家、网店装修师、"网模"、快递员等职业的产生。

电子商务及其相关配套的产业链逐渐成熟,滋生了如网店运营、网络推广、移动电子商务终端 APP 开发等电子商务的相关职业,给 IT 行业提供了大量职位。一些传统的零售企业也纷纷进军电商领域,但其人才的培养速度跟不上行业发展的速度,导致人才缺口迅速扩大,同时衍生出了许许多多新的职业岗位。

1. 网店客服

随着淘宝网店的规模逐渐增大,许多店主凭单打独斗已经无法应对每天的交易。网店客服成为一个新的职业。数据显示,目前淘宝网的网店客服数已经达到了 284 万人。在淘宝上,分工专业化经营的网店一般都会聘请 2 ~ 4 名网店客服,更有规模大的网店客服队伍已经接近百人。

2. 淘女郎

数据显示:淘女郎平台目前从业人数高达 37 638 人,兼职人数占 86.24%,淘女郎平均年龄在 23 岁。淘女郎呈现多元化发展,依托淘女郎平台发展起来的脸模、眼模、腿模、手模、嘴模、腰模、脚模、胸模、耳模、臀模十种新类型,受到了珠宝、化妆品商家的青睐。淘女郎正在往一条更加专业、时尚的方向发展。

3. 淘宝客

淘宝客是指帮助卖家推广商品获取佣金赚钱的人。只要获取淘宝商品的推广链接,让买家通过您的推广链接进入淘宝店铺购买商品并确认付款,就能赚取由卖家支付的佣金。它的推广形式包括:推广单件、推广类目、页面推广、推广店铺、搜索推广、软文推广、智能推广等(见图 6-2)。

图 6-2　淘宝客流程示意图

4. 电商培训师

传统企业急需找到路径进入电商领域,而网商卖家又急需发展壮大,瞬间让电商培训成为电商热后的又一快速增长的新领域。

5. 网店装修师

做装修,不用刷油漆、不用贴瓷砖,只需要点点鼠标,不到一天的时间一个漂亮的店面就能装修好。作为新兴职业,网店装修师职业如今的发展已颇具规模。目前这一职业已经成为不少大学生就业的热门,而这也源于目前不少年轻人热衷开设网店进行自主创业的市场需求。

6. 网络零售人才

随着零售行业的需求强势增长。目前,零售行业的主要职位包括店员/营业员/导购员、采购专员/助理、店长/卖场经理、促销专员/导购、收银员和理货员/陈列员、防损员/内保等。因为要经营管理超市卖场的整体运作,策划、调动及控制卖场的人力资源,要求综合素质比较高,招聘比较难。另外,从 2010 年底新增的奢侈品业务类岗位也有明显增长。

7. 奢侈品导购员

电子商务的蓬勃发展吸引着各层次的商品争相"触网",网购的商品渐由小额向大宗、大金额化趋势发展,就连让人望而却步的国际奢侈品大牌也纷纷抢滩庞大的网购市场。LV、Armani、Chanel、Cartier、Ferrari 等众多国际"大牌"纷纷"触网"、布局网络零售。奢侈品导购员成为当下时尚且居高薪的热门就业岗位。

四、电子商务专业就业前景

以下将从电子商务专业学生就业机会、就业层次、就业岗位三个纬度进行描述。

(一)职业方向

1. 电子商务服务企业

包括硬件(研发、生产、销售、集成)、软件(研发、销售、实施)、咨询等。随着电子商务应用的普及,相关的硬件、软件开发和销售对专业人员的需求是确定的,不过这种需求可能是显性的,也可能是隐性的。显性情况下,用人单位会明确招聘懂得电子商务的专业人才,隐性的情况下,用人单位人力资源部面对市场客户的电子商务需求并不一定明确知道招聘到电子商务专业背景的人才正好适用,而只能让计算机等相关学科背景的人勉强应付,或要求其补充学习电子商务知识。咨询行业因为其"与生俱来"的专业广度和深度,需求一般都比较明确。

2. 电子商务企业

对这样的企业来说,无论是纯粹专业的电子商务企业还是和其他主业结合开辟的全新的运营模式(例如西单商场),对电子商务专业人才的需求是最对口的。

3. 传统企业

对于传统企业来讲,电子商务意味着新增的运营工具(比如企业网站,2012年恐怕很难找到没有网站的公司)。运行新增的运营工具的人,无非是从使用老运营工具的员工中培养和招聘专业人才。当然培养原来的老员工的工作恐怕还是得内行的专业来进行。

4. 传统行业

对传统行业来讲,电子商务就是新的业务手段。无论贸易、物流、加工行业还是农业等到处都会使用到电子商务。把传统行业专门提出来讲,目的就在于,如果有志于某一行业,就应该深入了解这个行业的发展状况、发展趋势、新技术、新产品。从专业的角度判断这个行业的电子商务发展水平和发展潜力。当然,要能独立做出这些判断必须专业知识和实践能力达到一定的高度才行。

(二)就业层次

从实务层、实施层到策划层、决策层是一个从简单到复杂的过程。可以看出来,人才数量越往上越少。

实务层是指一个电子商务项目运营中的实务操作层次。

实施层是指电子商务项目的实施过程,在这个层次中,具备项目实施能力是主要要求。需要明确的是,并不是项目由一个人来全部完成。而是指,能够参与甚至领导项目的某一项工作,比如流程策划、界面设计、内容架构。

策划、决策层,是指能够根据环境和企业的具体条件策划其电子商务规划,并能辅助论证、决策重大项目问题。比如采用何种支付方式、何种配送方式。

近年来,随着全球电子商务高速增长,我国电子商务也急剧发展,使得电子商务人才严重短缺,由于互联网用户正以每年 100% 的速度递增,该行业的人才缺口相当惊人,预计我国在未来 10 年大约需要 200 万名电子商务专业人才,从社会调查实践来看,绝大多数企业(多为中小企业)已陆续步入电子商务行列,采用传统经济与网络经济结合的方式生产经营。根据这个现象,可以知道中小企业步入电子商务行列急需电子商务人才,所以电子商务就业前景是有希望的,国家政策正在大力支持电子商务的发展,商务部已经对电子商务专业人才给予极大重视。

五、就业岗位对电子商务专业学生的能力要求

根据社会所需人才来确定电子商务专业学生所具备的能力,对本专业的学生来说,是就好业的一切前提,那么就必须知道电子商务专业到底须具备哪些能力和知识,在电子商务人才类型及岗位分析的基础上,我们可以从以下四个层次来分析电子商务岗位所必须具备的能力要求:

第一层,电子商务建立在网络硬件层的基础上。在这一层次需要了解一般计算机、服务器、交换机、路由器及其他网络设备的功能,知道有关企业网络产品的性能。

第二层,电子商务实施的软件平台。在这一层次涉及服务器端操作系统,数据库、安全、电子商务系统的选择,安装、调试和维护。

第三层,电子商务应用层。在这一层次,涉及商业逻辑,网站产品的设计、开发,或网络应用程序的开发。

第四层,电子商务运营管理层。在这一层次,涉及各类商务支持人员,如客户服务,市场、贸易、物流和销售等诸多方面。

从上面电子商务实施的层次性,我们对电子商务专业到底应具备哪些能力,应该有所了解,学生不能仅满足于学校及培训机构开设这方面的课程,在确定好自己就业方向后,更应该通过自身努力去学习和实践以上知识与技能。

现在的社会已经是一个信息化管理社会,不管做什么基本上都是在网上进行,曾有一个人这样说,只要你给我钱,给我一台可以上网的电脑,我不出门,绝对生活得非常好。这个例子充分说明现在干什么事都可以在网上进行。而电子商务最终端就是向这方面发展,不管做什么,买东西,看新闻,办公等,全部都可以在网上进行。所以,学习电子商务专业是非常有潜力的。

六、电子商务专业学生应做好与社会的对接

按照就业岗位对电子商务专业学生的能力要求,为了能够更快适应工作岗位的要求以及企业的需求,在技能学习和能力锻炼上更应该做好与社会对接,作为电子商务学生应该如何做好与社会岗位对接,应从以下几点着手:

(1)电子商务专业学生在学习理论知识的同时,应该加强计算机基础应用技术、商务实战和专业电子技术实践。计算机基础应用技术是目前学生就业的最重要的障碍,没有这个基础,即便有再多的理论都是空中楼阁,从而造成就业困境,有企业会使用只懂理论而没有操作能力的人才吗?现在企业都是讲究效益的,用了人就必须能够给企业带来效益,不能马上带来效益,也要为效益而服务。

(2)对于电子商务来说,不要一味搞理论,实践很重要,必须多动手,多操作。充分重视第一线电子商务实践学习。

(3)实践参与,光说不练也没用。比如逛逛网上书店、到论坛参与讨论、建自己的个人主页、申请博客空间、搜索网络信息、参与网上拍卖等等,在参与中体会互联网对传统商务、学习、生活的影响。笔者认为学生一定要争取更多的机会进入企业做一些最基本的工作(网页制作、信息编辑、客户服务、文员、网络销售等)实践一下,通过企业实习掌握基本技能,企业的工作环境会让学生迅速成长起来。

在电子商务当前形势大好,人才急剧缺乏的情况下,电子商务专业学生只要认真做好与社会的对接、找准今后就业方向、明确自己的学习目标,从现在开始,通过自身的努力去学习和实践工作岗位上的知识与技能,就会大大提高自己的就业能力与就业竞争力,实现更好更快的就业。

拓展阅读：

电子商务专业学生求职"十训"

杨赋立

第一，你要问一问自己对这个行业是"隔"还是"不隔"。这是引用王国维"人间词话"的一个概念。推而广之，做人做事也同样有"隔"与"不隔"之分。那些学了好几年还在问"什么是电子商务"的，对这个行业肯定是"隔"，隔得厉害，这些学生一定要改行。这样的学生即使勉强进入这个行业，早晚也免不了成为竞争的淘汰对象。我一个学生正准备考教师证，打算毕业后当中学教师，这也挺好。兴他马云由教师改行进入互联网，就不许我们学电子商务的杀入"教坛"？

第二，就业时把电子商务理解为EB，而不是EC。前者是广义的概念，后者是狭义的，在这样的基础上，你既可以去新兴的纯网络企业；也可以去利用网络、电子等高技术手段从事推广、营销和交易的传统企业。就业的部门可以是销售、市场、信息、网站、商务开发、策划、生产、行政、采购、贸易、外贸等等，甚至是人事、财务，前提是如果企业敢要你的话。我去年真有个学生被本地某企业的人力资源部录用，据说是因为他素质比其他专业的学生强。

第三，理解了就业时电子商务是EB，就不要说专业不对口了。只要这个部门有电脑，上了网或打算上网；或是工作中用到了电脑和网络，就是一片钥匙开一把锁——对口！而且是深度对口。无知的瞎抱怨会搞坏自己的心态，不利于事业的发展。

第四，不要忘了电子政务和电子商务密切相关。如果你有个二舅或大姨是某个部门的头头，而你也恰巧对进入政府部门感兴趣，也要说服自己这是专业对口。当然，现在实行公务员制度，政府引进人员也向社会公开招考、择优录用。你向二舅、大姨询问经验可以，不许走后门。记住！

第五，在就业的地理位置上，不要过于强调中心城市、省会、大都市、首都。说非哪哪不去之类，这只会自束腰腿。要看到广泛的市场需求，说不定某些老少边穷地区、农村、山区有某些土特资源独一无二,正等着人开发呢。你正可以利用互联网让这些资源发扬光大。尤其是从这些地区考出来的学生更是不该对家乡自暴自弃,要有责任感,善于利用资源,带领家乡的百姓脱贫致富,也不枉在大学受这几年鸟气!

第六,诚实、勤劳、谦虚。这些品质从上幼儿园就开始学,但大学毕业了,往往还不合格。诸如在简历上不切实际的拔高自己,无中生有的将自己变为学生会主席、班长之类,一定要删除。单位给了你机会,至少在试用期阶段也要谦虚谨慎、戒骄戒躁吧,凡事勤快一些,多干少说。起码经理扫地的时候,你拿块抹布;下班了,经理没走,你也别回家,显得有点敬业精神。现在市面上流行的职场什么术、什么计,我看都是"辟邪剑谱",愿练的,请先练第一招。

第七,用足求职渠道。在求职的渠道上,想必大家比我熟悉,我好几年不愁没工作了。渠道归纳起来,不外人才招聘会、报纸杂志上的招聘广告、招聘网站三大途径,也要重视一些非主流的渠道,比如熟人推荐、上门自荐、浏览企业网站上的招聘信息等等。问题的关键是如何用、怎么用。既然是学电子商务的,网络的手段就要用足、用尽、用彻底,我个人特别偏爱用搜索引擎,喜欢搜某些人的网上事迹。假如面试时你能说出某招聘官曾获得过校运动会第一名,他是否能控制心中的洋洋得意呢? 当然,如果你愿意直斥其也曾在网上勾引过"恐龙",品味未免太低,我也不打着拦你们。

第八,求职的过程,我认为也是"细节决定成败"。在劳动力市场上,人才的供方是各类高校,单论所谓的"专业知识",我想应该是大同小异。各高校正如教育主管部门的连锁店,课程设置大同小异,培养的人才也有较强的同质化倾向,用人单位有时难辨高低。这时,某些细节可能决定了求职的成败。比如,同样是两个女生,漂亮的肯定比不太对得起大家的那位成功的几率高;着装整齐、清洁的肯定比恰好袖子上有块油污的那位招人待见,其实你心里明白油污也是刚进他们公司大门不小心蹭的;说话流利的肯定比说话结巴的素质高,可能你平时说话溜得像赵本山,但一紧张只是偶尔重复了几个字,等等。这些都会给企业招聘官留下你不精明伶俐、你不修边幅、你心理素质差的印象,从而在求职时败走麦城。如果你在细枝末节上过于夸张,也会适得其反。比如某个女生谋职时献上自己的艺术照,她本人也确实楚楚动人,招聘官也一定要将她拒之门外,以显示他招聘时重"才"不重"貌",相当公正。

第九,将实习当作正式工作。一些同学在实习阶段没有危机感,心态浮躁,认为还没有正式毕业,不着急,这样的心态有害无利。其实,从企业的角度出发,如果真的要人,它是不愿意将你当作还未毕业的学生看待,而是员工,也不愿意你实习期满后离开,这样的单位愿意教你东西,愿你融入企业。这正是实习的好单位。恰恰不要去那些仅仅将你当作实习学生看待的企业,这样的企业不会对你太认真,你也学不到什么,自己感到像个局外人,在单位格格不入。

第十,至少做一件善事,多者不限。在我的核心价值观念里,坚定相信"天道无私,常与善人"。我开运的秘诀就是做善事,感觉最好的效果就是做了之后,谁也不告诉,设法自己也忘掉。比如去无偿鲜血、去做义工,等等。偶尔在车上给老人让了一次座这类芝麻大的事就别算了。不算是不算,做还是要做,勿以善小而不为嘛。

参考文献

［1］ 赵守香,张尧辰,熊海涛.电子商务专业导论.北京：清华大学出版社,2013

［2］ 施奈德,成栋.电子商务.第7版.北京：机械工业出版社,2008

［3］ 特班,严建援.电子商务：管理视角.第5版.北京：机械工业出版社,2010

［4］ Subhash Durlabhji & Marcelline R. Fusilier. Ferment in Business Education：E-commerce Master.s Programs［J］. Journal of Education for Business, Jan/Feb 2002,（3）: 169-176

［5］ James L Morrison, Ganiyu Titi Oladunjoye. E-Commerce Infusion into Business Education Encompassing the Realities of an Emerging Business Model［J］. Journal of Education for Business, May/Jun 2002,（5）: 290-295

［6］ Ergun Gide, Wu Mingxuan. A Framework for Adoption of E-Commerce Programs in Higher Educational Institutions Selected Proceedings［C］. The Second China and U. S. Advanced Workshop in Electronic Commerce. 成都：西南财经大学出版社,2004

［7］ Zhang Qin, Zhang Yong. E-Commerce Education in Colleges of China：Situation and Problems Selected Proceedings［C］. The Second China and U.S. Advanced Workshop in Electronic Commerce. 成都：西南财经大学出版社,2004

［8］ 张蕾.基于国际比较的电子商务专业建设研究［J］.西安邮电学院学报,2006(7)：128-131

［9］ 教育部电子商务教学指导委员会.普通高等学校本科电子商务专业教育知识体系［Z］.北京：高等教育出版社,2008,11

［10］ 杨兴凯.面向社会需求的电子商务专业建设研究［J］.现代教育技术,2009(9)：128-131

［11］ 蔡体健,丁振凡.电子商务专业建设问题刍议［J］.商场现代化,2006(2)：14

［12］ 马强.高校电子商务本科专业教育模式研究［J］.新西部,2009(4)：162-161

［13］ 中国互联网络信息中心.第22次中国互联网络发展状况统计报告,2008

［14］ 中国互联网络信息中心.第33次中国互联网络发展状况统计报告,2014

［15］ 赵守香,张尧辰,熊海涛.电子商务专业导论［M］.北京：清华大学出版社,2013

［16］ 陈蔚珠.美中电子商务专业人才培养模式的比较研究［J］.商场现代化,2011(3)：73-75

[17] 朱艳艳,蓬耀.电子商务专业学生就业前景分析[J].产业与科技论坛,2013(10):119-120

[18] 王慧.电子商务新型就业岗位与职业规划分析[J].电子商务,2013(8):63-64